육조단경

육조문인
法海 기록 / 宗常 편역
德旻 감수

육조단경
六祖壇經

육조문인
法海 기록 / 宗常 편역
德旻 감수

弘法院

서문

    육조는 선종의 혜능慧能638~713 대사를 말합니다.
    초조初祖인 달마達磨대사로부터 6대째의 조사祖師이므로 육조라 합니다.
    육조단경은 다르게는 단경壇經 또는 법보단경法寶壇經 또는 육조대사법보단경六祖大師法寶壇經이라고도 이름합니다.
    혜능은 세살 때 아버지를 여의고 땔 나무를 팔아 홀어머니를 봉양하면서 가난하게 살았습니다. 어느 날 장터 객점에서 손님이 금강경 읽는 소리를 듣고 문득 깨달은 바 있어 출가할 마음으로 황매산의 오조 홍인弘忍대사를 찾아가서 선禪의 깊은 뜻을 전해 받았습니다.
    오조대사와 혜능이 주고 받는 문답입니다.
    "너는 어디서 왔느냐?"
    "예, 영남 땅에서 왔습니다."
    "영남의 무지렁이에게는 불성이 없느니라."
    "사람에게는 남과 북의 구별이 있지만 불성이야 어찌

구분이 있겠습니까?"

오조께서는 혜능이 법기法器임을 아시고 방아간에서 방아를 찧게 하시니 이 분이 곧 노행자盧行者입니다.

오조께서 전법傳法 할 생각으로 대중을 모은 다음 각자 증득한 소식의 게송을 짓게 하자 황매산의 상수제자인 신수神秀대사는 이렇게 게송을 썼습니다.

몸이 보리수라면
마음은 밝은 거울틀일세.
때때로 부지런히 털고 닦아서
먼지 앉고 때 끼지 않게 하세.

身是菩提樹   신시보리수
心如明鏡臺   심여명경대
時時勤拂拭   시시근불식
勿使惹塵埃   물사야진애

혜능은 신수의 게송을 듣고 강주 별가를 지낸 장일용張日用에게 부탁하여 다음과 같이 쓰게 하였습니다.

보리에 본래 나무가 없고,
밝은 거울 또한 틀이 아닐세.
본래 한 물건도 없는 것인데
어디에 때가 끼고 먼지가 앉을까.

菩提本無樹　보리본무수
明鏡亦非臺　명경역비대
本來無一物　본래무일물
何處惹塵埃　하처야진애

　육조단경은 혜능조사가 오조 홍인대사께 의발을 받은 후 16년 동안의 남돈南頓의 기간을 지내고 보림사에서 법을 펼 때로부터 시작해서 소주 자사 위거葦璩 등의 요청으로 대범사 강당에서 마하반야바라밀법을 설한 때와 열반에 드신 최후까지의 가르침과 어록語錄 등을 제자 법해法海가 집록集錄 하여 제10품으로 나누어 편찬한 것입니다.
　저는 출가이후 지금까지도 육조단경을 수행의 지침서로 삼고 있는 것은 무엇보다도 그 내용이 간단 명료할 뿐만 아니라, 불교의 심오한 진리와 깨달음의 세계를 누구나 쉽게 이해할 수 있도록 쓰여져 있기 때문입니다.

우리 주위에는 오랫동안 불자의 생활을 하면서도 불교가 어렵다고 말하는 분들이 많습니다.

저는 이런 분들을 위해서 아직 귀도 어둡고 눈도 어둡고 지혜도 어둡지만 감히 육조단경을 편찬하게 되었습니다. 본문의 어휘는 가능하면 고전어古典語를 피하고 한글 세대를 위해 표준어를 쓰려고 노력하였습니다.

부디 이 책을 통하여 단 한 사람이라도 마음의 문이 열리고 지혜의 참 빛을 볼 수 있다면 이것은 오직 부처님의 은혜며 육조 혜능조사님의 불가사의한 법력이라고 생각합니다.

또한 추호라도 잘못이 있다면 이는 경經의 실상實相이 아니고 소승의 허물이 많음을 부처님께 참회하고 더욱 더 정진하겠습니다.

끝으로 이 경전이 나올 수 있도록 자료정리와 감수監修를 하여 주신 불국사 승가대학 덕민德룟학장 스님과 홍법원 관계자에게 깊은 감사를 드립니다.

불기 2552(2008)년 7월 10일
불국사 大弓 宗常 합장

차례

서문 2

제일 행유품 9
제이 반야품 39
제삼 의문품 63
제사 정혜품 77
제오 좌선품 87
제육 참회품 93
제칠 기연품 113
제팔 돈점품 161
제구 선조품 183
제십 부촉품 191

육조 혜능대사 연기 225

第一 行由品 235
第二 般若品 260
第三 疑問品 279
第四 定慧品 290
第五 坐禪品 297
第六 懺悔品 300
第七 機緣品 316
第八 頓漸品 353
第九 宣詔品 371
第十 付囑品 376

제일 행유품
第一 行由品

제일 행유품 行由品

　　조사께서 보림사寶林寺에 머물고 계실 때 소주韶州의 자사刺史인 위거韋璩가 그의 관료들과 함께 산에 올라와서 친견하고, 조사를 성중에 있는 대범사大梵寺의 강당으로 모신 후, 대중을 위하여 마하반야바라밀법摩訶般若波羅密法을 설해 주실 것을 청하였다.

　　조사께서 법상法床에 오르시니, 거기 모인 자사와 관료 30여명과 유교의 선비 30여명과 비구와 비구니와 도를 닦는 이와 속인 등 천 여명이 다같이 절하면서 법문 듣기를 원하였다.

　　조사께서 대중에게 말씀하시기를

　　"선지식善知識이여, 보리菩提의 자성이 본래 맑고 깨끗하니 다만 이 마음만 바르게 쓰면 바로 부처가 될 것이다.

　　선지식이여, 잘 들으라. 혜능慧能이 법을 얻은 연유를

들어보아라. 나의 선친은 본관本貫이 범양范陽인데, 영남嶺南으로 낙향落鄕하여 신주新州의 백성이 되셨다.

이 몸이 불행하여 아버님께서 일찍 돌아가시고 늙은 어머님을 홀로 모시고 외롭게 살았는데, 뒤에 남해南海로 이사하였다. 우리 모자는 그곳에서 가난한 살림에 쪼들리어 고생을 하며 땔나무를 시장에 내다 팔아 겨우 생계를 지탱하여가는 형편이었다.

그런데 하루는 어느 객점客店=여관에서 나무를 사겠다고 하여 팔고 나오다가 한 손님이 경經 읽는 소리를 듣고, 마음이 홀연히 열였다. 그래서 손님에게 물었다.

"죄송합니다만 방금 손님께서 독송하시는 경을 잠시 들으니 '마땅히 머무르는 바가 없이 그 마음을 내어야 하느니라.應無所住而生其心' 하셨는데 지금 읽으시는 것은 어떤 경전입니까?"

하니 그 손님이 대답하기를

"금강경金剛經이라는 불경일세."

하였다. 혜능이 다시 묻기를

"어디서 그런 경을 구하셨습니까?"

하니 그는 기주蘄州의 황매현 동선사東禪寺에서 오조 홍

인弘忍 대사를 뵈옵고 얻었다고 하면서 그 절에는 오조스님의 문인門人이 천여 명이나 된다는 이야기와 또 오조께서는 금강경을 잘 읽으면 바로 견성 성불을 하게 된다 하여 항상 승속간에 이를 권하신다는 이야기를 들려 주었다.

혜능이 이 말을 들은 후, 숙세에 인연이 있었는지 그 손님이 은銀 열 냥을 주었다. 그래서 혜능은 그가 주는 은銀 열냥으로 어머님의 의복과 양식을 마련하여 편히 계시게 하고, 황매현으로 향한지 30여 일만에 황매산 동선사에 도착하여 오조대사를 친견하고 절하니, 오조께서 보시고 물으셨다.

"너는 어느 지방에서 왔으며 무엇을 구하려 하느냐?"
하시기에 내가 대답하기를

"예, 저는 영남의 신주에 사는 백성이온데, 이렇게 멀리 와서 스님을 뵙는 것은 부처가 되고자 함이옵고 다른 뜻은 없습니다."

하고 대답하니, 오조께서 다시 말씀하시기를

"네가 영남 사람이라면 곧 무지렁이인데 어떻게 부처가 될 수 있겠는가?"

하셨다. 그래서 내가 말씀드리기를

"사람에게는 남쪽 사람과 북쪽 사람이 있습니다만 불성에는 본래 남북이 없습니다. 비록 무지렁이의 몸은 화상과 같지 않지만 불성佛性이야 차별이 있겠습니까?"

했더니, 오조께서 더 말씀하려 하시다가, 옆에 여러 사람들이 모인 것을 보시고

"나가서 대중大衆과 함께 일이나 하여라." 하셨다.

그래서 혜능이 다시 말씀드리기를

"혜능이 여쭙겠습니다. 제가 생각하기에는 자기 마음에 항상 지혜를 내어서 자기의 성품을 여의지 않는 것이 곧 복전福田인가 하는데, 화상께서는 어떠한 일을 하라 하십니까?"

하고 여쭈었더니 오조께서 말씀하시기를

"허, 이 무지렁이가 제법 똑똑한 체 하는구나. 너는 잔소리 그만 하고 방아간에 가서 일이나 하거라."

하시었다.

혜능이 후원後院으로 물러나와서 방아를 찧고, 나무를 쪼개기 여덟 달이 지났는데, 오조께서 하루는 와서 보시고 말씀하시기를

"내가 너의 소견이 제법 쓸만하다고 생각하였으나, 혹 나쁜 사람들이 너를 해칠까 두려워서 짐짓 모른 체 하였다. 네가 이 뜻을 아느냐?"

하셨다.

"예, 제자도 역시 스님의 뜻을 짐작하였기 때문에 감히 스님 계신 방문 앞에 나가지 않았으며, 다른 사람들이 알지 못하게 하였습니다."라고 말씀드렸다.

하루는 오조께서 모든 대중들을 불러 모으시고 말씀하셨다.

"모두 들어라. 내가 너희들에게 할 말이 있다. 우리가 나고 죽는 생사生死 문제 보다 더 큰 일이 없는데, 너희들은 다만 복이나 구하려 하였지 생사고해生死苦海에서 벗어나려고는 하지 않았다. 만일 자기의 성품이 미혹하다면 어찌 복인들 구할 수 있겠느냐? 너희들은 각기 돌아가서 스스로 지혜를 살펴보고 자기의 본심인 반야般若의 성품을 취하여서 각자 게송偈頌을 하나씩 지어서 나에게 가져 오너라.

내가 만일 보아서 대의大意를 깨달았으면 너희에게 의법衣法을 전하여서 제6대조第六代祖를 삼을 것이니 너희는 돌아가서 지체하지 말아라. 생각으로 헤아려서는 맞지 않느니라. 자기의 성품을 보아 견성한 사람이면 이 말이 떨어지자 언하_{言下}에 바로 알 수 있을 것이다. 만일 이와 같은 사람은 칼을 휘두르는 전쟁터에 가더라도 역시 볼 수 있을 것이다."

대중들이 분부를 받고 물러 나와 수근거리기 시작했다. 그때 한 사람이 말하기를

"우리들은 공부를 옳게 못하였으니 이제 게송을 지어 화상께 바친들 무슨 소용이 있겠는가? 신수상좌_{神秀上座}가 우리의 교수사_{敎授師}이시니 그분이 틀림없이 그것을 얻게 될 것이다. 그러니 우리는 쓸데없이 애쓰지 말자."

하니 사람들이 이 말을 듣고 고개를 끄덕이며

"참 그렇다. 어차피 우리들은 앞으로 신수대사에게 의지하게 될 터인데 번거롭게 게송을 지을 필요가 없다."

하였다.

신수대사는 여러 대중이 게송을 짓지 않는 까닭을 알고는 그 마음이 흥분되고 긴장되었다. '여러 사람이 저렇게 나를 위하여 게송 짓기를 포기하였는데 내가 만일

게송을 잘못 짓는다면 체면이 무엇이 되며, 또 화상께서도 어떻게 나의 마음을 아시랴? 그러나 내가 게송을 짓는 것이 법을 구하기 위해서라면 옳지만 조사祖師가 되려는 속셈이라면 옳지 않은 것이다. 꿈에라도 그런 불순한 생각을 갖는다면 신성한 지위를 빼앗으려는 것밖에 안 되니, 범부의 마음과 무엇이 다를 것인가.

만일 내가 게송을 짓지 않는다면 결국은 법을 얻지 못할 것이니 참으로 어려운 일이고 큰일이다.' 하였다.

이런 생각으로 신수대사는 마음이 몹시 졸이었다.

그때 마침 오조께서 훗날 전하여 내려가며 공양하게 하실 목적으로 공봉供奉＝職名 노진盧珍을 불러서 당堂 앞에 있는 복도 3간 벽에다가 능가변상楞伽變相(능가는 성城 이름인데 남해마라산 위에 있어서 신통력이 없이는 가지 못한다고 한다. 부처님께서 여기서 설하신 것이 능가경인데 능가변상이란 아마 능가경을 설하실 때의 광경이 아닌가 한다)과 오조의 혈맥도血脈圖를 그리게 하려던 중이었다.

마침 신수는 게송을 다 지은 다음 이것을 바치려고 여러 번 당 앞까지 갔으나, 마음이 미묘하고 헤아릴 수 없어 온몸에 땀이 흐르므로 게송을 바치려는 생각을 내지 못하고 그냥 돌아서기를 4일 동안에 열 세 번이나 되풀이하다가 끝내 바치지 못하고 포기하려 하였다.

신수대사가 다시 생각하기를

'차라리 저 복도에 이것을 써 붙여서 화상께서 지나시다가 보시도록 하는 것이 낫겠다. 스님께서 보시고 만일 잘 되었다 하시면 그때 나아가 예배하고 이 신수(神秀)가 지었다고 말씀드려야겠다. 그러나 만일 안 되었다 하시면 그 동안 수년간을 헛되이 산중에 들어와서 남의 대우만 받았으니, 앞으로 다시 무슨 도를 닦는다고 할 것인가?' 하며 그날밤 삼경(三更)에 아무도 모르게 몸소 등불을 들고 남쪽 복도 벽 사이에 가만히 게송을 써놓으니, 게송은 이러 하였다.

몸이 보리수라면
마음은 밝은 거울틀일세.
때때로 부지런히 털고 닦아서
먼지 앉고 때 끼지 않게 하세.

身是菩提樹 신시보리수
心如明鏡臺 심여명경대
時時勤拂拭 시시근불식
勿使惹塵埃 물사야진애

　신수神秀가 이렇게 게송을 써 놓고 조용히 자기방으로 곧 돌아가니 아는 사람이 아무도 없었다. 신수가 다시 생각하기를 '오조께서 밝은 날 게송을 보시고 좋아하시면 내가 법과 인연이 있는 것이지만, 만일 잘 되지 못했다고 말씀하시면 이것은 내 스스로 어리석은 것이며, 숙세宿世의 업장이 무거워 법을 얻지 못한 것이니, 성인의 뜻은 헤아리기가 어렵구나.' 하며 신수가 방에 돌아와서도 다시 이런 저런 생각으로 잠을 못 이루고 밤새도록 앉았다 누웠다 몸을 뒤척이느라 편안치 못 하였다.
　오조께서는 신수神秀가 아직 도道의 문門 안에 들어오지 못함을 이미 알고 계셨다.
　이튿날 새벽에 오조께서 노공봉盧供奉을 불러서 남쪽 복도 벽 사이에 그림을 그리려다가 문득 그 게송을 보시고 공봉에게 말씀하시기를

"그동안 자네가 멀리서 오느라 수고 많이 하였네. 이제 그림을 그리지 않아도 되겠네. 경經에 이르시기를 '대저 모양相이 있는 것은 모두 다 허망한 것이다' 하였으니, 이 게송만 두고 그림은 그만 두겠네.' 하시고 문인들에게 이르시기를

"이 게송을 의지하여 닦으면 악도惡途에 떨어지지 않고 큰 이익이 있다"

하시고는 문인들로 하여금 향을 피워 예배하게 하고, 또 모두 외우게 하시니 대중들이 이것을 외우면서 '우리들이 말한 데로 역시 신수대사가 뽑혔다' 하면서 크게 칭찬들을 하였다.

오조께서 그날 밤 삼경三更에 조용히 신수를 불러서 물으시기를

"게송은 네가 지었느냐?"

하시니 신수가 대답하기를

"실은 소승이 지었으나 감히 조사祖師의 지위를 바라지 않습니다. 원컨대 화상께서는 자비로 살펴 주십시오. 제자에게 조그만한 지혜라도 있습니까?"

하므로 오조께서 말씀하시기를

"네가 지은 이 게송은 본성되성을 보지 못한 것이다. 다만 너는 문 밖에 이르렀을 뿐이지 문 안에는 들지 못하였다. 이러한 견해되실로는 위없는 깨달음을 찾아도 얻을 수 없을 것이다. 무상보리되상보리는 모름지기 말이 떨어지자 언하되하에 바로 자기의 본 마음을 알고 나지도 않고 죽지도 않는 자기의 본성품을 보아야 하는 것이다.

그리하여 언제든지 생각 생각에 스스로 보아 모든 것에 걸림이 없으며 하나가 참됨에 일체가 다 참되어 모든 경계되경계가 그냥 그대로 여여되여여함이니 그 여여함 그대로인 마음이 곧 이 진실한 것이다.

만일 이렇게 되면 곧 이것이 무상보리되상보리의 자기 성품인 것이다. 너는 다시 가서 하루 이틀 더 생각하여 새로 게송을 지어 나에게 가져 오도록 하여라. 만일 보아서 너의 게송이 문에 들어왔으면 너에게 가사와 법을 전하리라."

오조께서 이렇게 말씀하시니 신수되신수가 예를 갖추어 절하고 물러나와 다시 며칠을 보냈지만 게송을 짓지 못해 마음이 혼란하고 정신이 혼미하여 꿈속처럼 황홀하고 불안하여 추주할 뿐이었다.

다시 이틀이 지난 뒤에 한 동자가 그 게송을 외우면서 방앗간 앞을 지나는데, 혜능이 비록 가르침은 받지 못하였으나 이미 큰 뜻大意을 알았기에 그 게송을 듣고 견성한 사람의 글이 아님을 바로 알 수 있었다. 그래서 그 동자에게 묻기를

"동자께서 지금 외우는 것은 무슨 게송입니까?"

하니 동자가 신이 나서 말하였다.

"너, 이 무지렁이야, 그것도 모르는가?"

하고 오조께서 문인들을 불러서 분부하신 말씀과 신수상좌가 이 글을 지어서 남쪽 복도에 써 놓은 것을 오조께서 보시고 칭찬하시며 모두들 외우라고 하셨다는 말을 하였다. 그러자 혜능이 듣고 다시 동자에게 말하기를

"착한 사람아, 내가 여기 와서 여덟 달 동안이나 방아만 찧었으니 무엇을 알겠는가. 아직까지 당堂 앞에 가 본 일도 없으니 스님께서 나를 좀 인도하여 나도 그 게송 앞에 예배를 할 수 있도록 도와 주시기 바랍니다."

동자가 인도하는 대로 혜능이 게송 앞에 가서 예배하고 말하기를

"저는 무식하여 문자를 알지 못하니 누가 좀 읽어 주십시오." 하였다.

그때 거기 모인 사람 중에 강주별가江州別駕를 지낸 장일용張日用이란 사람이 소리 높여서 읽어 주었다. 혜능이 듣고 나서 말하기를

"나도 게송을 하나 지어 볼 터이니 별가께서는 써 주시기 바랍니다." 하였더니

별가는 너무나 뜻밖이라 같잖게 여기고 말하기를

"너같은 무지렁이가 게송을 짓겠다니 희한한 일이구나."

하고 조롱하였다. 혜능이 엄숙한 태도로 말하기를

"위없는 보리를 배우고자 하는데 처음 배우는 사람이라고 깔보지 마십시오. 아무리 낮고 낮은 사람이라도 높고 높은 지혜가 있을 수 있고, 높고 높은 사람이라도 어리석을 수 있습니다. 사람을 가볍게 여기면 곧 한량없는 큰 죄가 됩니다."

하니 별가別駕는 이 말에 눌리는 힘을 느끼고 말하기를

"그렇다. 네 말이 옳다. 내가 써 줄 터이니 게송을 부르라. 네가 만일 법을 얻거든 부디 나부터 제도하여 나

오."

하고 붓을 들었다.

혜능이 게송을 부르기를

보리에 본래 나무가 없고
밝은 거울 또한 틀이 아닐세.
본래 한 물건도 없는 것인데.
어디에 때가 끼고 먼지가 앉을까.

菩提本無樹 　보리본무수
明鏡亦非臺 　명경역비대
本來無一物 　본래무일물
何處惹塵埃 　하처야진애

별가가 이렇게 받아서 써 놓으니 온 대중이 모두 놀래어 서로들 웅성거리며 말하였다.

"정말 희유한 일이다. 참으로 모를 일이다. 사람은 겉모양만 보고는 알 수 없구나. 저 사람이야말로 진정 육신보살肉身菩薩인 것을 어찌하여 우리가 몰라본 것일까?"

오조께서는 대중들이 놀라고 괴이하게 생각하는 것을 보시고, 나쁜 사람이 해칠까 염려하시어, 아무런 기색도 보이지 않으시고 자신의 신발을 벗어서 혜능의 게송을 문질러 지우시면서 말씀하시기를

"이것도 역시 견성을 못 한 글이다."

하시니 대중이 모두 그렇게 생각하였다.

다음 날 오조께서 살그머니 방앗간에 오셔서, 혜능이 허리에 돌을 달고 방아를 밟는 것을 보시고 말씀하시기를

"도를 구하는 사람은 마땅히 법을 위하여 몸을 잊어야爲法忘軀 하느니라." 하시며

"쌀이 얼마나 익었느냐?" 물으셨다.

"쌀은 익은지 오래되었지만 아직은 키질을 못 했습니다."

하고 대답하였더니 오조께서 지팡이로 방아 절구를 세 번 치시고 돌아가셨다. 혜능이 그 뜻을 알아차리고 삼경三更에 조실의 방으로 들어가니 오조께서 가사로 주위를 가리고 사람들이 보지 못하게 하신 다음 금강경을 설하여 내려가시는데 '마땅히 머무르는 바가 없이 그

마음을 낼지어다 應無所住 而生其心' 하는 귀절에 이르러서 혜능이 크게 깨달아 일체 만법이 자기의 성품을 떠나지 않음을 알고, 드디어 오조께 말씀 드렸다.

어찌 자기의 성품이 본래 스스로 청정함을 알았으리까?
어찌 자기의 성품이 본래 나고 죽지 않음을 알았으리까?
어찌 자기의 성품이 본래 스스로 구족함을 알았으리까?
어찌 자기의 성품이 본래 흔들림 없음을 알았으리까?
어찌 자기의 성품이 능히 만법을 냄을 알았으리까?

何期自性 本自淸淨 하기자성 본자청정
何期自性 本不生滅 하기자성 본불생멸
何期自性 本自具足 하기자성 본자구족
何期自性 本無動搖 하기자성 본무동요

何期自性 能生萬法 하기자성 능생만법

하니 오조께서 혜능이 본성품을 깨달은 줄 아시고 이렇게 말씀하셨다.

"본 마음을 알지 못하면 아무리 법을 배워도 유익할 것이 없다. 자기의 본 마음을 알고 자기의 본성품을 보면 곧 이것이 대장부며, 천상과 인간의 스승이며, 부처인 것이다."

이렇게 하여 삼경三更에 법을 받았으므로 아는 사람이 없었다. 돈교頓敎와 가사와 발우를 주시면서

"이제 너는 제육대조第六代祖가 되었으니 스스로 잘 보호하고 지켜서 널리 중생을 제도하여 앞으로 끊어짐이 없게 하여라."

하시며 게송을 하셨다.

> 뜻이 있는 데서 종자를 내리니
> 원인 되는 곳에서 과가 다시 나도다.
> 뜻이 없으면 종자도 없나니
> 성품 없으면 태어남도 없도다.

有情來下種　유정래하종
　　　因地果還生　인지과환생
　　　無情旣無種　무정기무종
　　　無性亦無生　무성역무생

　조사께서 이렇게 게송을 설하시고, 다시 말씀하시기를

　"옛적에 달마대사께서 처음 이 땅에 오시니, 사람들이 믿지 않으므로 이 의발衣鉢을 전하며 믿음의 증표로 삼았던 것이 이렇게 대대로 이어져 와서 너에게 이른 것이다. 그러나 원래 마음으로 마음을 전하여 누구나 스스로 깨닫고 스스로 알게 하는 것이다.

　예로부터 부처님과 부처님이 오직 본체本體를 전하시고 조사祖師와 조사가 은밀히 본심本心을 부촉附囑하신 것이다. 그런데 이 의발은 자칫하면 다툼의 원인이 되기 쉬우니 너에게서 그치고 다음부터는 전하지 말아라. 만일 이 의발을 전하면 목숨이 실낱과 같을 것이니 이제 너는 빨리 떠나도록 하여라. 나쁜 사람들이 너를 해칠까 두렵구나."

하시므로 혜능이 여쭙기를

"제자가 어느 곳으로 가면 좋겠습니까?" 하였더니

"회懷자字 든 고장에서 머물고 회會자 든 곳에 가서 몸을 감추어라." 하셨다.

혜능이 삼경에 의발을 받아들고

"저는 본래 남쪽 지역 사람이라 이곳 산길을 알지 못합니다. 어떻게 하여야 강가로 갈 수 있겠습니까?"

하였더니 오조께서 말씀하시기를

"너는 아무 걱정 말아라. 내가 직접 너를 안내하겠노라." 하셨다.

그리고 오조께서 친히 구강역九江驛까지 배웅 나오셔서 배에 오르게 하시고 또 손수 노를 저으려 하셨다. 그러자 혜능이 말씀드리기를

"스님, 제자가 노를 젓겠습니다. 스님께서는 자리에 앉으십시오." 하였더니

"아니다, 내가 너를 건네어 주리라." 하셨다.

"아닙니다. 제가 몰랐을 때에는 스님께서 건네어 주셨지만, 깨닫고 나서는 스스로의 힘으로 건너는 것이 옳은가 합니다. 비록 건넨다는 말은 하나이나 쓰는 곳은

다른가 합니다. 제자가 변방에서 태어나 말조차 바르지 못하였는데 조사님의 법을 받아 이제 깨달음을 증득하였사오니 다만 자성自性으로 스스로 건너는 것이 옳은 일인가 생각합니다."

"그렇다. 앞으로 불법佛法이 너로 인해서 크게 번성할 것이다. 나는 3년이 지나면 이 세상을 떠날 것이니 너는 이제 부디 잘 가거라. 그리고 가능하면 남방으로 향하여 갈 것이며, 때가 되기 전에 미리 법을 설하려고 서두르지 말아라. 불법을 일으키는 일이 쉽지 않을 것이다." 하셨다.

혜능이 오조 홍인대사를 하직하고 남쪽으로 걸어서 두 달 반쯤 향했을 때 대유령大庾嶺에 당도하였다. 혜능이 떠난 뒤로 오조께서는 며칠간 당堂에 오르지 않으셨다. 대중이 의심하여,

"화상께서는 몸이 편치 않으십니까?" 여쭈니,

"아니다. 의법衣法이 이미 남쪽으로 갔을 뿐이다."

"그러면 누가 의법을 받았습니까?"

"혜능이 얻었느니라." 하셨다.

그러자 대중이 이 사실을 알고 의발을 빼앗으려고 수

백 명이 혜능의 뒤를 쫓았다. 그 가운데 진혜명陳慧明이라는 스님이 있었는데 그는 전에 사품장군四品將軍을 지낸 사람으로 성질이 몹시 거칠고 행동이 사나웠다. 이 스님은 세속에 있을 때 축지법縮地法을 익혔기 때문에 남보다 훨씬 빠르게 혜능을 쫓아왔다. 그러자 혜능이 의발을 큰 바위 위에 놓으면서

"이 의발은 믿음을 표시한 것인데 어찌 너의 힘으로써 다투겠느냐?"

하고 풀숲 속에 몸을 숨겼다. 혜명이 쫓아 와서 잽싸게 의발을 잡아당겼으나 조금도 움직이지 않자 그는 크게 놀라 큰 소리로 외쳤다.

"행자行者여, 행자여, 나오소서. 나는 법을 위하여 온 것이지 의발을 탐내어 온 것이 아닙니다." 하므로

혜능이 나와서 반석 위에 앉으니 혜명이 절을 하고

"원컨대 행자行者께서는 저를 위하여 법을 설하여 주십시오." 하였다.

혜능이 말씀하기를

"네가 이미 법을 위해 왔거든 모든 인연을 쉬고 한 생각도 내지 말라. 내가 너를 위하여 법을 설하리라."

하고는 조금 있다가 혜명에게 말씀하시기를

"선善도 생각하지 말고 악도 생각하지 말라. 바로 이러할 때에 어떤 것이 명상좌明上座의 본래면목本來面目인고?" 하니

혜명이 그 말에 크게 깨닫고 다시 묻기를

"이제 초조初祖인 달마조사祖師 이래로 내려오는 그 비밀한 말씀과 비밀한 뜻밖에 또 다른 비밀한 뜻이 있습니까?"

하므로 육조께서 말씀하시기를

"너에게 이제 말한 것은 비밀한 것이 아니다. 네가 만일 돌이켜 비추어 보면 비밀한 것이 바로 너의 곁에 있을 것이다."

하니 혜명이 또 말하기를

"제가 그동안 황매黃梅에 있었으나, 실로 나의 본래면목本來面目을 알지 못하였는데, 이제 가르침을 받고보니 마치 사람이 물을 마셔 보아야 차고 더움을 스스로 아는 것과 같습니다. 이제부터 행자께서는 저의 스승이십니다." 하였다.

"네가 만일 그와 같다면 나와 너는 함께 황매의 문인

門人이니 깨달은 그 마음을 놓치지 말고 잘 지키어 나아가라." 하니 혜명이 다시 묻기를

"제가 다시 어느 곳으로 가야 하겠습니까?"

하고 물었다. 육조께서 말씀하시기를

"원袁자字 든 고장에서 머무르고 몽蒙자 든 곳을 만나면 그곳에서 살아라."

하니, 혜명惠明이 스승께 절하고 물러갔다.

혜명이 산 아래로 되돌아 와서 뒤쫓던 무리들에게 말하기를

"산세가 몹시 높고 험하여 도무지 종적이 없으니 찾을 수 없다. 그러니 헛수고 하지 말고 다른 곳을 찾는 게 옳겠다."

무리들을 다른 방향으로 향하게 하였다. 그리고 혜명은 도명道明으로 이름을 고쳤으니 그것은 스승의 이름과 같은 글자를 피하려는 뜻이었다.

그뒤로 혜능이 조계曹溪에 당도하였으나 또 다시 나쁜 사람들에게 쫓기게 되자 사회현四會懸으로 피난하여 사냥꾼들 틈에서 무릇 15년을 지냈다. 그동안 조사께서는 사냥꾼들에게 그들이 알아들을 수 있는 설법도 하였고,

그들이 그물을 지켜 달라고 하면 눈치를 보아서 살아있는 놈이 있으면 살며시 놓아 주기도 하였다. 그리고 식사 때가 되면 그들의 고기 냄비에 산채 나물을 붙여 넣었다가 먹기도 하였다.

하루는 생각하기를 '법을 펼 때가 되었다.' 하시고 드디어 피난살이에서 벗어나 광주의 법성사法性寺에 도착하니 마침 인종印宗법사께서 열반경涅槃經을 강의하고 있었다.

그때 마침 바람이 불어서 깃발이 펄럭이고 있었는데, 그것을 보고 한 스님이 말하기를

"바람이 움직인다." 하고 다른 스님은

"깃발이 움직인다."

하며 서로 다투고 있었다. 혜능이 듣다가 말하기를

"그것은 바람이 움직이는 것도 아니고, 깃발이 움직이는 것도 아니다. 다만 당신네 마음이 움직이는 것이다." 하였다.

그곳에 모여있던 온 대중이 놀랐으며 인종법사는 혜능을 윗자리로 청하여 모시고 여러가지로 깊은 뜻을 물어보기까지 하였는데, 혜능의 대답이 문자와 상관없으

면서도 간단하고 명료하여 이치에 맞는 것을 보고는 인종법사가 묻기를

"행자께서는 반드시 예사로운 분이 아니십니다. 오래 전부터 들리는 말에 황매에서 의발衣鉢이 남방으로 왔다 하더니 혹시 행자님이 법을 받으신 분이 아니십니까?" 하였다.

혜능이 "부끄럽습니다." 하니 인종법사가 제자의 예를 갖추어 절하고 옛 조사로부터 전해져 내려오는 의발을 대중이 친견親見 할 수 있도록 청하였다. 그리고 인종이 또 묻기를

"황매의 오조께서 부촉付囑하시면서 어떻게 가르쳐 주셨습니까?" 하였다.

혜능이 대답하기를

"가르쳐 주신 것은 따로 없습니다. 오직 자기 성품을 보는 것을 의논하였을 뿐 선정과 해탈은 논하지 않았습니다." 하니

또 인종법사가 묻기를

"어찌하여 선정禪定과 해탈을 논하지 않았습니까?" 하므로

"그렇게 되면 두 가지 법이 되어 불법이 아니기 때문입니다. 불법은 두 가지 법이 아닙니다." 하니

인종이 다시 묻기를

"어떤 것이 불법佛法의 둘이 아닌 도리道理입니까?" 하였다.

"법사께서 열반경을 강의하시니 불성을 밝게 보는 것이 불법의 도리道理임을 잘 아실 것입니다. 열반경에서 고귀덕왕高貴德王보살이 부처님께 말씀드리기를 '네 가지 사중금계四重禁戒인 살생·투도·사음·망어를 범한 자와 다섯 가지 오역죄五逆罪인 부모를 죽인 자, 아라한을 살해한 자, 부처님 몸에 피를 낸 자, 진리를 어긴 자, 대중의 화합을 깨트린 자와 일천제一闡提인 인과因果를 믿지 않고, 수치심을 모르며, 과거·현재·미래세를 부인하고, 부처님의 가르침을 따르지 않는 무리들에게 있어서 마땅히 선근과 불성이 끊어짐이 당연합니까, 아닙니까?'

하니, 부처님께서 대답하시기를,

'선근善根에는 둘이 있는데 하나는 상常이요, 둘은 무상無常인데 불성은 상常도 아니고 무상無常도 아니다. 그러므로 끊어지지 않는 것을 둘이 아니라 이름하며, 하나는

선善함이요 둘은 선하지 않은 것인데 불성은 선한것도 아니고 선하지 않은 것도 아니므로 이것을 이름하여 둘이 아니라.' 하셨습니다.

오온五蘊(색色·수受·상想·행行·식識)과 십팔계十八界(육근·육경·육식)를 범부는 둘로 보지만 지혜있는 사람은 그 성품이 둘이 아닌 줄을 아나니, 이 둘이 아닌 성품이 곧 불성이다.' 하셨습니다." 하니

인종印宗법사가 듣고 기뻐서 합장하고 말하기를

"소승이 경을 강의하는 것은 깨진 기왓장과 같은 것이고, 인자仁者께서 논의하시는 것은 마치 순금과 같습니다." 하였다.

여기서 인종印宗화상은 혜능의 머리를 깎게 하고 스승으로 섬길 것을 원하였다. 이렇게 하여 혜능이 드디어 보리수 밑에서 동산법문東山法門을 열었으니, 내가 황매에서 법을 얻은 이후로 그때까지 겪어온 고생과 어려움이란 실로 말할 수 없는 것이었다.

오늘 이렇게 위사군의 관료들과 비구·비구니와 도를 닦는 세속 사람들과 더불어 한 자리에 모인 것은 여러 겁劫의 인연이 아닐 수 없다. 또한 과거의 생 가운데에

모든 부처님께 많은 공양을 올리고 함께 선근善根을 심었기 때문에 비로소 이와 같은 돈교頓敎의 법 얻은 연유를 듣게 된 것이다. 이 가르침은 어디까지나 성인이 전하신 것이지 이 혜능의 지혜가 아니다.

　옛 성현의 가르침을 배운 사람은 먼저 그 마음을 깨끗이 할 것이며 듣고 나서 의심이 없으면 옛 성인과 다를 것이 없을 것이다."

　하시니 모든 대중이 법을 듣고 기뻐서 절하고 물러갔다.

제이 반야품
弟二 般若品

제이 반야품 般若品

　다음 날 위사군이 다시 설법하여 주실 것을 청하므로 조사께서 자리에 오르셔서 대중들에게 말씀하셨다.
　"모두 다 마음을 깨끗이 하고 마하반야바라밀다를 생각하여라." 조사께서 다시 대중들에게 말씀하셨다.
　"선지식이여, 보리 반야의 지혜는 세상 사람이 본래 가지고 있는 것인데, 다만 마음이 미혹하기 때문에 스스로 깨닫지 못 하는 것이니 마땅히 대선지식大善知識의 가르침과 인도를 받아서 자성自性을 보아야 할 것이다.
　마땅히 알아라. 어리석은 사람이나 지혜있는 사람이 불성은 본래 차별이 없는데 다만 미혹함과 깨달음이 같지 않기 때문에 어리석음이 있고 지혜로움이 있는 것이다. 내가 이제 마하반야바라밀법을 설하여서 그대들로 하여금 각각 지혜를 얻게 할 것이니 지극한 마음으로 자세히 들어라. 내가 너희를 위해 설하리라."

"선지식이여, 세상 사람들이 하루종일 입으로는 지혜를 말하고 생각하지만 자성반야自性般若를 알지 못하는 것은 마치 밥 먹는 것을 말로만 아무리 해 보아도 배가 부르지 않는 것과 같은 것이다.

그러므로 입으로만 공空을 말한다면 만겁萬劫이 지나더라도 자성을 볼 수 없으니 결국 아무런 이익이 없게 된다.

선지식이여, 마하반야밀이란 말은 범어梵語=산스크리트인데 우리말로는 큰 슬기로 저 언덕에 이른다는 뜻이다. 이것은 마땅히 마음으로 행할 것이지 입으로 외우는 데 있지 않느니라. 입으로 외우고 마음으로는 행하지 않는다면 허깨비幻化와 같이 허망한 것이지만, 입으로도 염송하고 마음으로 행한다면 곧 마음과 입이 서로 응應할 것이다. 본 성품이 부처이므로 성품을 떠나서 부처가 없느니라.

어떤 것을 마하摩訶라고 하는가?

마하란 크다는 뜻이니 마음의 양量은 크고 넓어 마치 허공과 같아서 끝이나 바깥쪽 부분이 없으며, 또한 모나거나 둥글거나, 크거나 작지도 않으며, 또한 푸르거나 누렇거나 붉거나 희지도 않으며, 상하上下와 장단長短도 없고 성날 것도, 기쁠 것도 없고, 옳고 그름과 착하고 악함이 없으며 머리도 꼬리도 없는 것이다.

　모든 부처님의 세계가 다 허공과 같으니 세상 사람들의 묘한 성품이 본래 공空하여서 한 법도 능히 얻을 것이 없으니 자성의 진공眞空도 또한 이와 같다.

　선지식이여, 그러나 내가 말한 공空을 듣고 공에 걸리지 말라. 무엇보다도 공에 걸리지 말아라. 만일 아무 생각도 없이 조용히 앉아만 있으면 곧 무기공無記空=목석과 같이 굳고 어둔 상태에 떨어질 것이다."

　선지식이여, 세계의 허공이 능히 모든 것을 포함하는 것이어서 해와 달과 별과, 산과 물과 들과, 풀과 나무와 악인과 선인과 천당과 지옥과 일체의 모든 바다를 비롯한 수미산까지도 모두 이 허공 속에 있나니, 세상 사람들의 성품이 공한 것도 또한 이와 같은 것이다.

　선지식이여, 자성이 능히 모든 법을 포함하므로 큰 것이니, 만법萬法이 다 모든 사람의 성품 속에 있다.

　만일 모든 사람들의 악과 선을 보더라도 모두 취取하고 버림을 없이 하여 거기에 물들거나 걸리지 않으면, 마음이 허공과 같나니 이것이 큰 것이다. 그러므로 마하

摩訶라고 한다.

　선지식이여, 어리석은 사람은 입으로만 말하나 지혜로운 사람은 마음으로 행한다. 또 어떤 어리석은 사람은 마음을 비우고 아무 생각도 없이 고요히 앉아서 백가지 생각 없앤 것으로 스스로 크다고 말하지만 이런 사람들과는 말할 것이 없다. 왜냐하면 삿邪된 소견이 있기 때문이다.

　선지식이여, 마음의 크기는 넓고 커서 법계法界에 두루하며 그 작용이 아주 분명하니 응용應用함에 바로 일체를 알며 일체가 곧 하나고 하나가 곧 일체여서 가고 오는 것이 자유롭고 마음자리에 막힘이 없나니 이것이 곧 반야이다.

　선지식이여, 모든 반야지혜가 모두 자성으로부터 생기는 것이지 밖에서 들어오는 것이 아니다. 뜻을 씀用意에 그릇됨이 없으면 이것이 참된 성품을 스스로 쓰는 것이니 하나가 참될 때 모든 것이 참이 된다.

　심량心量은 큰 것이라 작은 길로 가지 않나니, 입으로만 온 종일 공空을 말하지 말라. 마음으로 이 행을 닦지 않으면 마치 아무것도 아닌 사람이 아무리 국왕國王이라 스스로 칭하여도 왕이 될 수 없는 것과 같으니 이런 사람은 나의 제자가 될 수 없다.

선지식이여, 반야란 무엇이냐? 당나라 말로 지혜이며 어느때 어느 곳에서나 생각 생각이 미혹하지 않아서 항상 지혜롭게 행하는 것이 곧 반야행般若行이다.

한 생각 어리석으면 곧 반야가 끊어지고 한 생각 지혜로우면 곧 반야가 생겨나는 것이다.

세상 사람들이 대개 어리석고 미혹하여 반야를 보지 못하므로 입으로는 곧잘 반야를 말하고, 마음은 언제나 어리석어 항상 스스로 말하기를 '나는 반야를 닦는다' 하여 생각 생각마다 공空을 말하지만 참으로 공空한 것은 알지 못하는 것이 보통이다.

반야는 형상이 없으니 지혜로운 마음이 곧 이것이다. 만일 이와같이 이해하면 바로 이것을 반야지혜般若智慧라 한다.

어떤 것을 바라밀般羅密이라고 이름하느냐? 이것은 서국西國의 말인데 당나라 말로 하면 '저 언덕彼岸에 도달한다' 는 말이고 생멸生滅을 떠난다는 뜻이다.

경계境界에 집착하면 생멸이 일어나니, 마치 물에 물결

이 있는 것과 같은 이것이 곧 이 언덕此岸이고, 경계境界에 걸림이 없으면 생멸이 없어지므로 물이 잠잠함이 곧 저 언덕彼岸이라 하나니 그러므로 바라밀이라 한다.

선지식이여, 어리석은 사람은 입으로 염송하되 염송할 때는 망령됨이 있고 그릇됨이 있지만, 생각 생각에 만일 바르게 행하면 이것이 참된 성품이며, 이 법을 깨닫는 것이 곧 반야법이요, 이 행行을 닦는 것이 곧 반야행이다. 그러므로 닦지 않으면 곧 범부이지만 한결같은 마음으로 닦아 나가면 이 몸이 부처와 같은 것이다.

선지식이여, 범부가 곧 부처며 번뇌가 곧 보리菩提이니, 앞 생각이 미혹하면 곧 범부요, 뒷생각이 깨달으면 곧 부처이다. 또한 앞 생각이 경계에 집착하면 곧 번뇌고 뒷 생각이 경계를 떠나면 곧 보리菩提이다.

선지식이여, 마하반야바라밀은 가장 높고 가장 귀한 제일가는 경지境地로서, 가는 것도 오는 것도 아니며 또한 머무는 것도 아니어서 삼세三世의 모든 부처님이 여기에서 나오셨다.

마땅히 큰 지혜를 써서, 오온五蘊=색·수·상·행·식의 번뇌와 망상을 타파하여라. 이와같이 닦아 나가면 반드시 불

도를 이루어서 탐·진·치 삼독三毒이 변하여 계정혜戒定慧가 될 것이다.

선지식이여, 나의 이 법문은 하나의 반야로부터 팔만사천의 지혜가 생기나니 왜 그러하겠느냐?

세상 사람들에게 팔만사천의 번뇌가 있기 때문이다. 만일 번뇌가 없다면 지혜가 항상 나타나서 자기의 성품을 여의지 않을 것이다.

이 법을 깨닫는 사람은 좋다 나쁘다 하는 생각도 없고 기억도 없으며 집착 또한 없어서 거짓 망령을 일으키지 않으며 자기의 진여 성품을 쓰므로 지혜로써 일체법一切法을 비추어 보되 취하지도 않고 버리지도 않을 것이니 이것이 바로 견성見性하여 불도를 이루는 것이다.

선지식이여, 만약 깊은 법계法界와 반야삼매般若三昧에 들고자 하면 마땅히 지혜의 행을 닦고, 금강반야경을 지니고 독송하여 바로 견성하도록 하여라.

마땅히 알라. 이 금강반야경의 한량없는 공덕은 경 가운데 분명히 찬탄하였으니 여기서 더 말할 것이 없다.

이 법문은 곧 최상승最上乘이고 큰 지혜가 있는 사람과 근기가 높은 사람을 위하여 설하는 것이다. 그러므로 지혜가 낮은 사람이나 근기가 얕은 사람이 들으면 믿지 않는 마음이 생길 것이다.

왜냐하면 그것은 큰 용이 염부제에 큰 비를 내리면 도시와 촌락이 모두 떠내려가는 것이 잔 풀포기나 뿌리 얕은 나무는 줄기가 꺾이고 뿌리가 뽑혀서 쓰러지게 되는 것과 같지만, 큰 나무숲은 조금도 피해가 없고 도리어 그 비의 혜택으로 무성하고 윤택해 지는 것은 큰 바다에 많은 비를 내려도 바다물이 늘어나거나 줄어들지 않는 것과 같다.

만일 대승인大乘人과 최상승인이 금강경을 들으면 마음이 열리어 깨닫게 된다.

그러므로 본래의 성품에는 원래부터 반야의 지혜가 있으며 스스로 지혜를 써서 관조觀照하므로 문자를 빌리지 않고도 알 수 있는 것이다.

비유하면 비와 물이 하늘에 있는 것이 아니고 원래 용이 비를 내려서 일체 중생과 초목과 유정有情과 무정無情들을 윤택하게 하고 백천가지의 강을 따라 흐르다가 큰 바다로 유입되어 하나로 합쳐지는 것과 같다. 이처럼 중생의 본래의 성품인 반야의 지혜도 또한 이와 같다.

선지식이여, 근기가 낮은 사람은 이 돈교頓敎를 들으면 뿌리가 얕은 초목처럼 큰 비를 만나게 되면 뿌리가 뽑히고 꺾여서 자랄 수 없는 것과 같다.

원래 근기가 낮은 사람도 이와같이 반야의 지혜가 있으며 큰 지혜를 가진 사람과 차별이 없는데 어찌하여 법을 들어도 스스로 깨닫지 못할까?

그것은 삿된 소견의 업장이 무겁고 번뇌의 뿌리가 깊기 때문이다. 마치 검은 구름이 두껍게 태양을 가리웠을 때 바람이 불어서 그 구름을 벗기지 않으면 햇빛이 나타나지 않는 것과 같다.

반야의 지혜도 본래 크고 작음이 없는데 일체 중생이 자신의 마음에 미혹함과 깨달음의 정도가 같지 않을 뿐이다. 미혹한 마음으로는 겉으로 보기에는 수행하여 부처를 찾는 것 같지만 자성自性을 깨닫지 못하니 이것은 곧 근기가 낮기 때문이다.

만일 돈교頓敎를 깨달아서 밖으로 닦는 것을 고집하지 않고 자신의 마음에 항상 정견正見을 일으켜서 번뇌와 속된 일에 물들지 않으면 이것이 곧 견성見性이다.

선지식이여, 안과 밖에 머물지 말고, 가고 옴이 자유

로와 능히 집착하는 마음을 제거하면 일체에 통달하여 걸림이 없나니 능히 이 행을 닦으면 반야경과 다름 없는 도리道理이다.

선지식이여! 모든 수다라經典와 문자文字로 되어 있는 대소이승大小二乘의 십이부경十二部經이 모두 사람을 위하여 있는 것이며, 지혜의 성품으로 기인基因하여 세워진 것이니, 만일 세상 사람들이 없다면 일체 만법萬法이 본래 있지 않을 것이다.

그러므로 알아라. 만법이 본래 사람으로부터 일어난 것이며, 일체의 경서經書는 사람 때문에 설하여진 것이다.

그런데 사람은 미련한 사람과 슬기로운 사람이 있는데 미련한 사람은 소인小人이 되고, 지혜로운 사람은 대인大人이 되는 것이다. 어리석은 사람은 지혜로운 사람에게 묻고 지혜로운 사람은 어리석은 사람에게 설법說法하나니, 어리석은 사람도 홀연히 깨달아서 마음이 열리면 곧 지혜있는 사람과 다름이 없는 것이다.

선지식이여, 깨닫지 못하면 부처가 곧 중생이요, 한 생각에 깨달으면 중생이 곧 부처인 것이다. 그러므로 알아라. 만법이 다 자신의 마음에 있는 것인데 어찌하여 자신의 마음 속에서 진여의 자성을 보지 못하는가?

보살계경菩薩戒經=범망경에 말씀하시기를,

"나의 본성本性이 원래 스스로 청정하니, 만일 자기의 마음을 알아서 성품을 보면 모두 불도를 이룬다." 하였다.

정명경淨名經=유마경에서는

"즉시卽時에 확 트이면豁然 다시 본심本心을 얻는다."고 하셨다.

선지식이여, 내가 오조 홍인弘忍화상의 처소에서 한번 듣고 그 말씀에 바로 진여의 본성을 보았기에 이 교법敎法을 널리 펴서 도道를 배우는 사람들로 하여금 바로 보리菩提를 깨달아서 각자 스스로 마음을 관觀하여 본성을 보게 하려는데 만일 스스로 깨닫지 못하거든 마땅히 최상승법最上乘法을 아는 대선지식大善知識을 찾아서 바른 길을 지시받도록 하여라.

이 선지식은 큰 인연이 있어 중생을 교화하여 견성하게 하니, 일체 선법善法이 선지식으로부터 능히 일어나기 때문이다.

그러므로 삼세三世 모든 부처님의 십이부경十二部經이 사

람의 성품 속에 본래 갖추어져 있지만 우리가 능히 스스로 깨닫지 못하기 때문에 마땅히 선지식의 가르침을 구하여야 바로 보게 되는 것이다.

그러나 만약 스스로 깨닫는 사람은 밖으로 구할 것이 없나니 언제나 선지식을 의지해야만 해탈 할 수 있다고 집착하는 것은 옳지 않다.

왜냐하면 자기의 마음 안에 선지식이 있어서 스스로 깨닫게 되는 것인데 만약 삿된 미혹을 일으켜서 망령된 생각으로 전도顚倒되면 외부의 선지식이 아무리 가르쳐 주더라도 구원받지 못하기 때문이다.

만약 바르고 참된 반야를 일으켜 비추어 본다면 한 찰나 사이에 망념妄念이 모두 없어질 것이며, 만일 자성을 알아서 한번에 깨달으면 곧 부처의 자리에 이르게 된다.

선지식이여, 지혜로 비추어 보면 안과 밖이 밝게 사무쳐서 자기의 본심을 알게 된다. 만약 본심을 알면 곧 그것이 본래 해탈解脫이요, 만일 해탈을 얻는다면 곧 그것이 반야삼매般若三昧이며 그것이 곧 무념無念이다.

무엇을 무념이라 하는가?

일체 법을 보아도 마음에 물들거나 집착하지 않는 이

것이 무념無念이라 한다. 실제로 작용하여 일체처에 두루 하되 일체처에 집착하지 않고, 다만 본심을 깨끗이 하여 육식六識으로 하여금 육문六門=눈·귀·코·혀·몸·뜻으로 통하게 하더라도 육진六塵=색·성·향·미·촉·법 속에 섞이어 물들지 않고, 오고 감에 자유롭고 통하여 쓰는 데 막힘이 없는 이것이 곧 반야삼매般若三昧며, 자재해탈自在解脫이고 무념행無念行이라 이름한다.

만약 아무것도 생각하지 아니하여 생각으로 아주 끊으려 한다면 이것이 곧 법에 얽히는 것이라서 변견邊見(아주 없다고 보는 것을 단견斷見이라고 하고, 항상 있다고 보는 것을 상견常見이라 하는데, 이 두 가지 모두가 변견邊見임)이라고 한다.

선지식이여, 무념법無念法을 깨달은 사람은 만법에 다 통하여, 무념법을 깨달은 사람은 모든 부처의 경계境界를 보며, 무념법을 깨달은 사람은 부처님의 지위에 이른다.

선지식이여, 후대에 나의 법을 얻은 사람은 이 돈교頓敎 법문을 가지고 견해見解가 같아서 같은 행行을 하는 사람에게 받아 지니도록 원을 세워라. 이것이 부처님을 섬기는 것과 같기 때문이니, 몸이 다하도록 퇴전退轉치 않는 사람은 반드시 성인의 지위에 오를것이다.

그러나 위로부터 묵묵히 전해 내려오는 분부分付를 다시 전하여 주어서 그 정법正法을 숨기지 말아야 하겠지만 견해가 다르고 행이 같지 않으며 다른 법 속에 있는 사람들 곧 외도外道들에게는 전하지 말라. 도리어 그 사람에게 손해가 있을 뿐 유익함이 없나니 어리석은 사람이 이해하지 못하고 이 법문을 비방하여 백겁百劫 천생天生에 부처될 종자의 성품을 끊을까 두렵기 때문이다.

선지식이여, 내게 한 가지 무상송無相頌이 있으니 각자 외워 가져라. 집에 있는 재가인이거나 출가한 수행자가 모두 이대로 닦도록 하여라.

만일 스스로 닦지 않고 나의 말만 기억한다면 또한 이익이 없을 것이다. 나의 게송을 들어라.

>말도 통하고 마음도 통하고 보면
>태양이 허공에 있는 것과 같나니
>오직 견성하는 법만 전하여
>세간의 삿된 가르침을 부숨이로다.

說通及心通　설통급심통
如日處虛空　여일처허공
唯傳見性法　유전견성법
出世破邪宗　출세파사종

법에는 돈과 점이 없건만
빠르고 더딤이 사람에게 있네.
다만 이 성품을 보는 문을
어리석은 사람은 알지 못하네.

法卽無頓漸　법즉무돈점
迷悟有遲疾　미오유지질
只此見性門　지차견성문
愚人不可悉　우인불가실

말로 설하면 비록 천만 가지이나
이치에 합하면 하나로 돌아가는 것
번뇌가 가득한 어두운 방에
지혜의 햇살로 항상 밝히라.

說卽雖萬般　설즉수만반
合理還歸一　합리환귀일
煩惱暗室中　번뇌암실중
常須生慧日　상수생혜일

삿된 것이 오면 번뇌가 일어나고
바른 것이 오면 번뇌가 사라지네.
삿된 것 바른 것 모두 쓰지 않으면
청정하여 남음이 없는 곳에 이르리라.

邪來煩惱至　사래번뇌지
正來煩惱除　정래번뇌제
邪正俱不用　사정구불용
淸淨至無餘　청정지무여

깨달음의 근본 자기 성품에
마음을 일으키면 곧 그것이 망념이라
깨끗한 마음이 망념 속에 있나니
바르게 하면 세 가지 장애가 없으리라.

菩提本自性 보리본자성
起心卽是妄 기심즉시망
淨心在妄中 정심재망중
但正無三障 단정무삼장

세상 사람들이 만일 도를 닦으면
일체가 모두 방해되지 않나니
항상 스스로 자기의 허물을 살피면
도와 더불어 곧 서로 맞으리라.

世人若修道 세인약수도
一切盡不妨 일체진불방
常自見己過 상자견기과
與道卽相當 여도즉상당

모든 것은 스스로 도가 있나니
서로 각각 방해하고 괴롭히지 않네.
도를 버리고 따로 도를 찾는다면
이 몸 마치도록 도를 보지 못하리라.

色類自有道 색류자유도
各不相妨惱 각불상방뇌
離道別覓道 이도별멱도
終身不見道 종신불견도

한 평생 부질없이 지내다가
임종에 닥쳐서야 늦게 후회하나니
참된 도를 보고저 하느냐?
바르게 행함이 곧 도이니라.

波波度一生 파파도일생
到頭還自懊 도두환자오
欲得見眞道 욕득견진도
行正卽是道 행정즉시도

자기 스스로 만약 도의 마음이 없다면
어둠 속을 헤맬 뿐, 도는 못 보리니
참으로 도를 닦는 사람이라면
세간의 허물을 보려 하지 않는다.

自若無道心 자약무도심
闇行不見道 암행불견도
若眞修道人 약진수도인
不見世間過 불견세간과

만약 남의 허물을 보는 사람은
도리어 자기의 잘못이 더한 증거니라.
남은 그르고 자신을 옳다 하면
이것은 내가 더 그른 생각이다.

若見他人非 약견타인비
自非却是左 자비각시좌
他非我不非 타비아불비
我非自有過 아비자유과

다만 스스로 그른 마음 물리쳐서
번뇌의 뿌리를 없애버리고
밉고 고운데에 관심이 없으면
길이 두발 펴고 편히 쉬리라.

但自却非心 단자각비심
打除煩惱破 타자번뇌파
憎愛不關心 증애불관심
長伸兩脚臥 장신양각와

다른 사람을 교화하고자 하면
스스로 좋은 방편을 써야하나니
저로 하여금 의심을 없이하면
바로 곧 자성이 나타나게 되리라.

欲擬化他人 욕의화타인
自須有方便 자수유방편
勿令彼有疑 물령피유의
卽是自性現 즉시자성현

불법은 이 세간에 있는 것,
세간을 여의고 깨달음은 없나니.
세간을 떠나서 보리를 찾으면
마치 토끼 뿔을 구함과 같으니라.

佛法在世間　불법재세간
不離世間覺　불리세간각
離世覓菩提　이세멱보리
恰如求兎角　흡여구토각

바른 소견은 출세간 도리요.
삿된 소견은 세속적인 것이라
삿된 것 바른 것 다 쳐부수면
보리의 자성이 완연하리라.

正見名出世　정견명출세
邪見是世間　사견시세간
邪正盡打却　사정진타각
菩提性宛然　보리성완연

이 게송이 바로 돈교며
또한 이름이 법의 배이니
미혹해 들으면 몇 겁에도 안 되나
깨닫기로 말하면 곧 찰나 사이니라."

此頌是頓敎　차송시돈교
　　亦名大法船　역명대법선
　　迷聞經累劫　미문경누겁
　　悟則刹那間　오즉찰나간

　조사께서 다시 말씀하시를
"이 대범사大梵寺 강당에서 이 돈교頓敎를 설하는 것은 널리 온 법계法界 중생이 이 말 끝言下에 바로 견성 성불하기를 원함이다."
　하시니, 그때 위사군과 관료와 도 닦는 이와 속인들이 다 함께 조사의 설법을 듣고 모두 깨달아서 함께 절하면서
"거룩하십니다. 영남嶺南에서 부처님이 출현하실 줄 어찌 짐작이나 하였겠습니까." 하고 칭송하였다.

제삼 의문품
弟三疑問品

제삼 의문품 疑問品

 하루는 위자사韋刺史가 조사祖師를 위하여 큰 재齋를 베풀고 나서 조사께 청하여 자리에 오르시게 한 뒤에 관료와 선비와 일반 백성들과 함께 엄숙한 자세로 절하고 여쭙기를

 "제자가 화상의 설법을 들으니 실로 불가사의하여 알 수 없습니다. 제가 공부하는데 의심이 있사오니 원컨대 자비하신 마음으로 가르쳐 주십시오." 하니

 조사께서 말씀하시기를

 "의심이 있거든 물어라. 내가 마땅히 말하여 주리라." 하셨다. 위자사가 여쭙기를

 "화상께서 말씀하신 내용은 달마대사의 종지宗旨가 아닙니까?" 하니

 조사께서 대답하시기를

 "그렇다." 하셨다.

위자사가 다시 여쭙기를

"제자가 듣기로는 달마대사께서 처음 양무제梁武帝를 교화하실 때 양무제가 묻기를「짐이 일생동안 절을 짓고 스님들을 공양하고, 보시를 하며 재齋를 올리기를 수없이 하였는데 이 공덕이 얼마나 됩니까?」하니 달마대사께서 말씀하시기를「실로 공덕이 없습니다.」고 하셨다 하오니, 제자가 이 뜻을 알지 못하겠으니 원컨대 화상께서 가르쳐 주십시오." 하였다.

조사께서 말씀하시기를

"실로 공덕이 없느니라. 옛 성현의 말씀을 조금도 의심하지 말라. 양무제가 마음이 삿되어 정법을 알지 못하고 절을 짓고, 재를 올리고 스님들을 대접하고, 또한 보시를 한 것은 그것이 복을 얻기 위한 것이니, 복을 구하는 것으로는 공덕이 될 수 없기 때문이다. 공덕은 법신法身 가운데 있는 것이지 닦는 데 있는 것이 아니다."

하시고, 또 말씀하시기를

"성품을 보는 것이 공功이요, 평등하게 하는 것이 덕德이다. 생각 생각에 걸림이 없어서 항상 본성의 진실한 묘용妙用을 보는 것이 곧 공덕이며, 안으로 마음을 겸허

하게 낮추는 것이 곧 공功이요, 밖으로 행동이 예절다워서 남을 공경하는 것이 덕德이며, 자성自性으로 만법을 세우는 것이 곧 공功이요, 마음 바탕에 생각妄念을 떠난 것이 곧 덕이며, 언제나 자성을 떠나지 않는 것이 공功이요, 대응해 쓰되 물들지 않는 것이 곧 덕이니, 만일 공덕법신功德法身을 찾으려 하면 이렇게 알고 나가라. 이것이 참 공덕이니라.

만일 공덕을 닦는 사람이라면 마음이 가볍지 않고 항상 널리 공경하는 행동을 해야 한다. 마음으로 늘 남을 업신여기고 나를 내세우는 생각이 끊어지지 않으면 곧 스스로 공功이 없고 자성이 허망하여 진실치 못하면 곧 그것이 덕이 없는 것이다.

선지식이여, 생각 생각에 간격이 없는 것이 곧 공功이요, 마음과 행실이 곧은 것이 곧 덕德이며, 스스로 성품을 닦는 것이 곧 공功이요, 스스로 몸을 닦는 것이 덕德이다.

선지식이여, 공덕은 마땅히 자성自性 속에서 보는 것이지, 보시나 공양으로 구해지는 것이 아니다. 그러므로 공덕과 복덕이 다른 것이니 무제武帝가 진리를 알지 못하였을 뿐이지 우리 조사에게 허물이 있는 것이 아니다."

또 위자사가 여쭙기를

"제자가 항상 보니 승속간에 흔히 아미타불을 염念하며 서방극락에 태어나기를 원하는 것을 보았는데 과연 그곳에 태어날 수 있습니까? 화상께서는 이 의심을 풀어 주십시오." 하였다.

조사께서 대답하시기를

"위사군이여, 잘들어라. 내가 말해주겠노라. 세존께서 왕사성에 계실때에 서방西方으로 인도하여 교화한다고 말씀하셨는데, 관무량수경에 보면 분명히「이곳에서 멀지 않다.」하셨고「만일 거리로 말하면 십만팔천리가 된다.」하셨으니 곧 이것은 내 몸 가운데 십악十惡과 팔사八邪를 가리킨 것으로 멀다고 하신 말씀이다.

멀다고 하신 것은 근기가 낮은 사람을 위함이요, 멀지 않다고 하신 것은 근기가 수승한 사람을 위함이니, 사람에게는 두 가지 근기가 있으나 법에는 두가지가 없는 것이다.

미혹함과 깨달음이 다르기 때문에 견해가 더디고 빠름이 있는 것이다. 미혹한 사람은 염불하여 저 곳에 태

어나기를 구하고 깨달은 사람은 스스로 마음을 깨끗이 한다. 그러므로 부처님께서 말씀하시기를

"그 마음이 깨끗함을 따라서 곧 불토佛土가 깨끗하다." 하셨다.

사군使君이여, 동방 사람이라도 마음만 깨끗하면 죄가 없고 비록 서방 사람이라도 마음이 깨끗하지 못하면 역시 허물이 있는 것이다. 동방 사람이 죄가 있을 때에는 염불하여 서방에 나기를 원하겠지만 서방 사람이 죄를 지었을 때에는 염불하여 어느 세계에 나기를 구할 것인가? 범부들이 어리석어서 자기의 성품을 모르므로 자기 몸 가운데 정토가 있는 것을 알지 못하고 동방이니 서방이니 하여 찾고 있지만, 깨달은 사람은 어디에 있으나 한가지다. 그러므로 부처님께서 말씀하시기를

'머무는 곳마다 항상 안락하다.' 하셨다.

사군使君이여, 오직 마음자리가 착하면 서방정토가 여기서 멀지 않지만 만약 착하지 못한 마음을 품고 있으면 아무리 염불을 하여도 거기에 태어나기 어려운 것이다.

내가 이제 여러 선지식들에게 권하니 먼저 십악十惡(살생·투도·사음·망어·기어·악구·양설·탐심·진

심·치심)을 끊으라. 그러면 십만리를 가는 것이고, 다음에 팔사八邪(사견邪見·사사邪思·사어邪語·사업邪業·사명邪命·사정진邪情進·사념邪念·사정邪定)를 없애면 곧 팔천리를 지나가는 것이니, 생각 생각에 성품性品을 보아 항상 평등하고 정직하게 행하면 손가락 한번 튕기는 사이에 문득 가서 아미타불을 보게 될 것이다.

그렇다면 사군使君이여, 누구든지 십선十善=십악의 반대을 행한다면 무엇 때문에 왕생往生하기를 원할 것이며, 십악十惡의 마음을 끊지 못한다면 어느 부처님이 오셔서 맞아주실 것인가?

만일 열반에 빨리 드는 길인 무생돈법無生頓法을 깨달으면 서방정토를 보는 것이 찰나 동안이지만 깨닫지 못하면 염불하여 태어나기를 원하여도 그 길이 멀고 머니 어떻게 갈 수 있겠느냐?

혜능이 이제 찰나 동안에 서방정토를 옮겨다가 여러분의 눈앞에 놓아서 문득 보게 하리니, 그대들이 보기를 원하는가?" 하니

대중이 모두 큰절을 올리며 청하기를

"만일 이 자리에서 볼 수 있다면 어찌 구태여 먼 곳에

있는 서방에 나기를 원하겠습니까? 부디 화상께서 자비하신 마음으로 서방정토를 나타내어 모두 볼 수 있게 하여 주십시오." 하였다.

조사께서 말씀하셨다.

"대중들이여 세상 사람들은 자기의 육신이 성城이고, 눈과 귀와 코와 혀는 바깥문外門이며, 의식은 안문內門이다. 마음을 땅이라 하면 성품은 임금이니라. 임금이 마음땅心地위에 지내는데 성품이 있으면 임금이 있고 성품이 없으면 임금이 없는 것이다.

그러므로 성품이 있으면 몸과 마음이 있고, 성품이 없으면 몸과 마음이 무너지니 부처는 성품 가운데를 향하여 이루는 것이라 몸 밖을 향하여 구하지 말아라. 자성이 미혹하면 곧 중생이고 자성을 깨달으면 곧 부처니라.

자비는 곧 관세음보살이고, 희사喜捨는 그 이름이 대세지보살이며, 청정함은 석가모니 부처님이요, 평등하고 바름은 곧 아미타부처님이다.

남과 나를 분별하는 것은 수미산이고, 삿된 마음은 건널 수 없는 고해苦海이며, 번뇌는 물결이요, 독한 해를 주는 것은 악룡이며, 허망함은 귀신이요, 세상살이의 괴로움은 물고기나 자라이며, 성내는 마음은 지옥이요, 어리석음은 축생이다.

선지식이여, 항상 십선+善을 행하면 천당이 나타나고, 남과 나를 따지지 않으면 수미산이 무너지며, 삿된 마음을 버리면 바닷물苦海이 마르고, 번뇌가 없으면 물결이 잠잠해지고, 독하고 해치려는 마음을 버리면 악룡이 절멸되나니, 이때에 비로소 자기 마음이 땅 위에서 자성을 깨달은 여래가 큰 광명을 놓아서 밖으로 육문六門(눈·귀·코·혀·몸·뜻)을 청정히 하여 비추면 능히 육욕六欲 제천諸天을 부수며, 자성이 안으로 비추면 삼독이 곧 없어져서 지옥 등 죄가 일시에 소멸하여 안과 밖이 모두 밝게 통하여서 서방정토와 다르지 않으리라. 만약 이렇게 닦지 않으면 어떻게 그곳에 갈 수 있겠느냐." 하셨다.

대중이 이 설법을 듣고는 모두 자기의 성품을 분명하게 보고 함께 절하면서 찬탄하기를

"참으로 거룩하십니다. 법계法界의 모든 중생이 듣고서 모두 한꺼번에 깨치었으면 좋겠습니다." 하였다.

조사께서 또 말씀하시기를

"선지식여, 만일 수행하고자 하면 세속생활을 하는 재

가불자라도 할 수 있는 것이니 반드시 절에 있어야만 하는 것이 아니다. 집에 있으면서 능히 수행하면 동방 사람이 마음 착한 것과 같고, 절에 있어도 닦지 않으면 서방 사람이 마음 악한 것과 같은 것이다. 다만 마음만 청정하면 이것이 곧 자성自性의 서방정토이니라." 하셨다.

위공韋公이 또 여쭙기를

"집에 있으면서 수행하려면 어떻게 해야 하겠습니까?" 하니

조사께서 말씀하시기를

"내가 대중에게 무상송無相頌을 설하리니, 다만 이대로 닦으면 항상 나와 함께 있는 것과 다름 없겠지만, 만일 이를 의지하여 닦지 않으면 머리를 깎고 출가하더라도 도道에 유익함이 없으리라.

하시고 다음 게송을 설하셨다.

> 마음이 평등하면 계가 어찌 필요하며
> 행실이 곧으면 참선하여 무엇하리
> 은혜를 알아서 부모님 봉양하고
> 의리지켜 서로를 가엾게 여기세.

心平何勞持戒 심평하로지계
行直何用修禪 행직하용수선
恩則孝養父母 은즉효양부모
義則上下相憐 의즉상하상련

사양하면 위 아래가 화목하고
참고 보면 싸울 일이 없느니라.
능히 나무를 비벼서 불 내듯하면
반드시 진흙에서 홍련이 피리라.

讓則尊卑和睦 양즉존비화목
忍則衆惡無喧 인즉중악무훤
若能鑽木出火 약능찬목출화
淤泥定生紅蓮 어니정생홍련

좋은 약은 반드시 입에 쓰고
충직한 말은 귀에 거슬리는 것
허물을 고치면 반드시 지혜가 나고
단점을 감추면 그 마음 무디어 지네.

苦口的是良藥 고구적시양약
逆耳必是忠言 역이필시충언
改過必生智慧 개과필생지혜
護短心內非賢 호단심내비현

나날이 이로운 행 넉넉히 하라.
도를 이루는 것 돈 쓰는 데 있지 않네.
보리는 오직 마음에서 찾는 것을
어찌 쓸데없이 밖을 향해 구하는가.

日用常行饒益 일용상행요익
成道非由施錢 성도비유시전
菩提只向心覓 보리지향심멱
何勞向外求玄 하로향외구현

내말 듣고 이대로만 수행하면
서방정토가 눈 앞에 있으리라.

聽說依此修行 청설의차수행

西方只在目前 서방지재목전

조사께서 또 말씀하시기를

"선지식이여, 이 게송대로 닦아서 자성을 보면 바로 불도를 이루리라. 법은 서로 기다리지 않으니 모든 대중은 이제 헤어져라. 나도 조계曹溪로 돌아가리니 만약 의심 나는 것이 있으면 와서 물어라." 하셨다.

자사관료들과 함께 모인 선남신녀善男信女들이 각기 깨달음을 얻고, 깊은 믿음으로 받들어 행하였다.

제사 정혜품
弟四定慧品

제사 정혜품定慧品

조사께서 대중에게 말씀하시기를

"선지식이여, 나의 이 법문은 정定과 혜慧로써 근본을 삼는다. 그러므로 대중은 미혹하게 정과 혜가 다르다고 말하지 말아라. 정과 혜는 일체요, 둘이 아니다.

정은 혜의 본체本體요, 혜는 정의 작용이다. 곧 혜慧가 나타날 때에 정定이 혜에 있고, 정定이 나타날 때에 혜가 정定에 있는 것이다.

만일 이 뜻을 알면 곧 정과 혜를 함께 배우는 것이다.

도道를 배우는 모든 사람들은 먼저 정定이 있고서 혜를 일으킨다거나, 혜를 먼저 하여 정定을 일으킨다 하며 각각 다르다고 말하지 말라.

이러한 견해를 가지는 사람은 법에 두 모양二相을 두어서 입으로는 좋은 말을 하지만 마음속은 착하지 않음이니 공연히 정과 혜가 있다 하나 정定과 혜慧가 같지 않은 것이며, 만일 마음과 입이 함께 착하면 안과 밖이 한가지이므로 정과 혜가 곧 같은 것이다.

스스로 깨달아 수행함은 다투는 데 있지 않다. 만일 앞뒤를 다툰다면 곧 어리석은 사람과 같으며 승부勝負를 끊지 못하고 도리어 나다 진리다 하는 것만 늘어서 사상四相(아상·인상·중생상·수자상)을 여의지 못할 것이다.

"선지식이여, 정과 혜가 무엇과 같으냐 하면 마치 등燈과 등불과 같아서 등불이 있으므로 빛이 있고 등불이 없으면 곧 빛이 없는 것이니, 등은 빛의 본체요, 빛은 등의 작용이다. 그러므로 등과 불빛이 이름은 비록 다르지만 본체는 동일한 것처럼 이 정과 혜도 이와 같다." 하셨다.

조사께서 대중에게 말씀하셨다.

"선지식이여, 일행삼매一行三昧라는 것은 어느 곳 어느 때나 가고 멈추고 앉고 눕고(행·주·좌·와)간에 항상 바른 마음을 쓰는 것이 이것이니 정명경淨名經에 말씀하시기를, 곧은 마음이 도량道場이요, 곧은 마음이 정토淨土라" 하셨다.

마음으로는 아첨하고 굽은 짓을 하면서 입으로는 곧음을 말하고, 입으로만 일행삼매一行三昧를 말하면서 마음은 바르지 않게 하지 말라. 다만 바른 마음으로 행하고 모든 것에 집착하지 말아라.

미혹한 사람은 법상法相에 빠져서 일행삼매一行三昧에 집착하여 말하기를 '가만히 앉아서 움직이지 않고, 망령되이 마음을 일으키지 않는 것이 곧 일행삼매'라 하는데 이러한 견해를 가지는 것은 곧 생명이 없는 무정無情과 같으며 도리어 도를 장애하는 인연이 될 뿐이다.

선지식이여, 도道는 마땅히 통하여 흐르게 해야 하는데 어찌 오히려 막히게 하겠느냐. 마음이 법에 머무르지 아니하면 도道가 곧 통하여 흐르지만, 마음이 만약 법에 걸리어 있으면 이것은 스스로 결박되는 것이다.

만일 앉아서 움직이지 않는 것이 옳다고 말한다면 저 사리불舍利弗이 숲속에 가만히 앉아 있다가 유마힐維摩詰거사에게 오히려 꾸지람을 들은 것과 같은 것이다.

선지식이여, 또 어떤 사람은 앉아서 고요히 마음을 관觀하여, 움직이지 않고 일어나지 아니하는 이것으로 공부를 삼게 한다고 하면 미혹한 사람은 알지 못하고 오히려 집착하여 진리의 길에서 크게 벗어나게 된다. 이와같은 사람이 많고, 이와같이 가르치는데 이것은 크게 잘못된 것이다.

조사께서 대중에게 말씀하시기를

"선지식이여, 본래 바른 가르침에는 돈頓=빠름과 점漸=차츰이 없지만은 사람의 근기에 예리함과 우둔함이 있다. 우둔한 사람은 점차 깨닫게 되고, 예리한 사람은 단번에 닦아, 스스로 본심을 깨닫고, 스스로 본성을 보는 것이니 곧 차별이 없는 것이다. 그러므로 돈頓이니 점漸이니 하는 것은 거짓이름假名을 세운 것이다.

선지식이여, 나의 이 법문은 위로부터 내려오면서 먼저 무념無念=생각없음을 세워서 종宗을 삼고, 무상無相=모양 없음으로 체體를 삼았으며 무주無住=머묾 없음로 근본을 삼는다.

무상無相이란 상相에서 상을 떠난 것이고, 무념無念이란 것은 생각에 대하여 생각이 없는 것이며, 무주無住라는 것은 사람의 본성本性이 세간의 선악과 곱거나 밉거나 또는 원수거나 친한 사람이 서로 말을 주고 받고 찌르고 속이고 다툴 때에도 모두 공空한 것으로 여겨 대적하거나 해할 생각을 하지 않고 생각과 생각하는 사이에 앞

경계境界를 생각하지 않는 것이다.

만약 앞 생각과 지금 생각과 뒷 생각이 생각마다 이어져서 끊어지지 않으면 이것이 얽매임이다.

모든 법에 대하여 생각 생각이 머물지 않으면 곧 얽매임이 없는 것이다. 이것이 무주無住로써 근본을 삼는 것이다.

선지식이여, 밖으로 모든 상相을 여의면 이것이 무상無相이니, 능히 상을 여의면 곧 법체法體가 청정해지니 이것이 곧 무상無相으로 체體를 삼는 것이다.

선지식이여, 모든 경계 위에 마음이 물들지 않으면 이것이 무념無念이니 자기 생각 위에 항상 모든 경계를 여의어서 경계 위에 마음을 내지 말아야 한다.

그러나 만약 아무 것도 생각하지 않고 모든 생각을 아주 없애버리면 한 생각 끊어질 때 곧 죽어서 다른 곳에 태어날 것이니 이것은 크게 잘못된 것이다.

도道를 배우는 사람은 명심하여야 한다. 만약 법의 뜻을 바르게 알지 못하면 자신을 그르치는 것은 물론 다른 사람까지 권해서 잘 못 되게 한다.

또 자기가 스스로 어두워서 보지 못하고 부처님 경전

을 비방까지 하게 되나니, 그러므로 무념無念을 세워서 종宗을 삼은 것이다.

　선지식이여, 어찌하여 무념無念을 세워서 종宗으로 삼는다 하는가? 오직 입으로만 성품을 보았다고 말함이니, 미혹한 사람은 경계 위에 생각이 있고 생각 위에 문득 삿된 소견을 일으키는데 여기서 일체의 진로망상塵勞妄想이 생겨났다.

　자성自性은 본래 한 법도 얻을 것이 없다. 만약 얻을 것이 있다하여 망령되게 화禍와 복을 말한다면 이것이 곧 번뇌며 삿된 소견이다. 그러므로 이 법문은 무념無念을 세워서 종宗을 삼는 것이다.

　선지식이여, 무無라는 것은 어떤 것이 없다는 것이며, 염念이라는 것은 무엇을 생각함이냐? 무無란 두 가지 모양相이 없는 것이니 모든 번거로운 망상이 없는 것이며, 염念이란 것은 진여眞如의 본성품을 생각하는 것이다.

　진여라는 것은 곧 생각의 체體요, 염念은 곧 진여의 작용이다. 진여의 자성自性이 생각을 일으키는 것이지 눈·귀·코·혀가 생각하는 것이 아니다.

　진여에 성품이 있으므로 생각이 일어나는 것이니, 만

일 진여 자성이 없다면 눈이나 귀나, 소리나 빛이 바로 없어질 것이다.

  선지식이여, 진여의 자성이 생각을 일으키면 눈·귀·코·혀·몸·뜻 등 육근六根이 비록 보고 듣고 깨닫고 안다 하더라도 모든 경계에 물들지 않고 참된 성품이 항상 스스로 있는 것이다.

  그러므로 유마경에 말씀하시기를,

  "일체 모든 법의 본성인 법상法相을 능히 잘 분별하되 법신의 본체인 제일의第一義에 있어서는 움직임이 없다." 하셨다.

제오 좌선품
弟五 坐禪品

제오 좌선품 坐禪品

　조사께서 대중에게 말씀하셨다.
　"좌선坐禪이라는 이 문은 원래 마음을 잡는 것도 아니요 또 깨끗한 것을 잡는 것도 아니며 또한 움직이지 않는 것도 아니다.
　만약 마음을 잡는 것이라면 마음은 원래 망령된 것이어서 알고 보면 마음이란 허깨비와 같은 것이니 어느 곳도 잡을 데가 없는 것이다.
　만일 깨끗한 것을 잡는다고 하면 사람의 성품이 본래 청정한 것인데 번뇌망상으로 인해 진여가 파묻힌 것이다. 그러므로 다만 망념만 없으면 성품이 저절로 청정한 것인데 마음을 일으켜서 깨끗한 것에 집착함으로 오히려 청정하다는 망상을 내게 되었다.
　망념이란 것은 처소處所가 없으니(망념의 실체가 없기 때문에) 집착하는 것이 곧 망념이며, 깨끗함도 형상이 없으니 깨끗하다는 생각을 일으켜 이것을 공부라고 말하지만 이런 소견을 짓는 사람은 자기의 본성을 막아 청정하다는 생각의 결박을 당하게 된다.

선지식이여, 만약 움직이지 않음을 닦으려 하거든 모든 사람들을 대할 때 남의 옳고 그름과 좋고 나쁨과 허물과 근심을 보지 말 것이니, 이것이 곧 자성을 움직이지 않는 것이라 한다.

선지식이여, 미혹한 사람은 몸은 비록 움직이지 않으나 입을 열면 다른 사람의 옳고 그름과 길고 짧음과 좋고 나쁨을 말하니 이것은 도道와 어긋나고 등지는 것이다. 만약 마음에 집착하거나, 깨끗함에 집착하면 도리어 도道에 장애가 될 것이다."

조사께서 대중에게 말씀하셨다.

선지식이여, 어떤 것을 좌선坐禪이라 하는가? 이 법문 가운데 걸리고 막힘이 없어서 밖으로는 일체 선악의 경계에 마음과 생각이 일어나지 않는 것을 좌坐라 하고 안으로는 자성自性을 보아 움직이지 않는 것을 선禪이라 한다.

선지식이여, 무엇을 선정禪定이라 하는가? 밖으로 상相

을 여의는 것이 선禪이며, 안으로 어지럽지 않은 것이 정定이다.

밖으로 만일 상相에 걸리면 안의 마음이 곧 어지럽고, 밖으로 만일 상相을 여의면 마음도 따라서 어지럽지 않다.

본래의 성품은 스스로 깨끗하고 스스로 안정한 것인데, 다만 경계를 보고 경계를 생각하기 때문에 곧 어지럽게 되는 것이다. 만일 모든 경계를 보되 마음이 어지럽지 않다면 이것이 참된 정定이다.

선지식이여, 밖으로 상相을 여의면 곧 선禪이요, 안으로 어지럽지 않으면 정定이니, 밖의 외선外禪과 안의 내정內定이 곧 선정이다."

보살계경菩薩戒經에 말씀하시기를

"내 본 성품이 원래 스스로 청정하다." 하셨다.

선지식이여, 생각 생각에 스스로 자기의 본성이 청정함을 보아서 스스로 닦고 스스로 행하면 스스로 불도를 이룰 것이다."

제육 참회품
弟六懺悔品

제육 참회품 懺悔品

그때 조사께서 광주廣州와 소주韶州를 비롯하여 사방에서 여러 사람들이 법을 들으려고 운집하는 것을 보시고 법좌에 오르신 다음 대중에게 말씀하셨다.

"잘 왔구나. 선지식들이여, 이 성품性品은 마땅히 자성自性으로 일어난 것이니, 어느 때나 생각 생각에 그 마음을 깨끗이 하여 스스로 닦고 스스로 행하면 자기의 법신法身을 볼 것이며, 자기 마음의 부처를 보아 스스로 제도하고 스스로 경계해야만 비로소 얻게 되니 일부러 이곳까지 올 필요가 없다.

이미 먼 곳에서 와서 이렇게 모인 것은 모두 다 인연이 있었기 때문이다. 이제 모두들 꿇어 앉아라. 먼저 자성의 오분五分 법신향法身香을 전하고 다음에 무상無相 참회懺悔를 주리라." 하셨다.

대중이 꿇어 앉으니 조사께서 말씀하셨다.

"첫째는 계향戒香이다. 자기의 마음 가운데에 그릇됨이 없고, 악함이 없으며 질투가 없고 탐심과 진심嗔心이 없으며 빼앗고 해치는 마음이 없는 것을 계향戒香이라 한다.

둘째는 정향定香이다. 곧 모든 좋고 나쁜 경계를 보더라도 자기의 마음이 어지럽지 않은 것을 정향이라 한다.

셋째는 혜향慧香이다. 자기의 마음에 걸림이 없어서 항상 지혜로서 자기의 성품을 비추어 보고 모든 악을 짓지 않으며, 비록 많은 선善을 닦더라도 마음에 자랑함이 없으며, 윗 사람을 공경하고, 아랫사람을 보살피며, 외롭고 가난한 이를 불쌍히 여기는 것을 혜향이라 한다.

넷째는 해탈향解脫香이다. 곧 자기의 마음에 인연을 일으키는 바가 없어서 선善도 생각하지 않고 악도 생각하지 아니하며 자유자재하여 걸림이 없는 것을 해탈향이라 한다.

다섯째는 해탈지견향解脫知見香이다. 자기의 마음이 이미 선과 악에 걸림이 없으나 공空에 빠져서 고요함만 지키는 것은 옳지 않으니 마땅히 널리 배우고 많이 들으며 자기의 본심을 알아 모든 부처님의 이치를 통달하며, 빛에 화和하고 사물을 접接하되 나라는 것도 없고 남이라는 것이 없어서 바로 깨달음의 참된 성품이 바뀌지 않는 곳에 이르는 것을 해탈지견향이라 한다.

선지식이여, 이 향은 각자 스스로 자기 안에서 피울 것이지 밖을 향해 찾지 말아라.

이제는 너희들에게 무상참회無相懺悔를 주어서 삼세三世의 죄업을 멸하고 신身·구口·의意 삼업三業을 청정하게 하리라.

선지식이여, 모두 내 말을 따라서 이렇게 부르라.

「제자들이 앞 생각과 지금 생각과 뒤의 생각으로 순간 순간마다 어리석고 미혹한 데 물들지 않게 하소서. 과거부터 지어온 나쁜 짓, 어리석은 죄를 모두 참회하오니 원컨대 일시에 소멸하여 다시는 영원히 일어나지 않게 하여 주옵소서.」

「제자들이 앞 생각과 지금 생각과 뒤의 생각으로 순간 순간에 교만하고 진실치 못한 데 물들지 않게 하소서. 예전부터 지어온 나쁜 짓, 교만하고 남을 속인 죄를 모두 참회하오니 원컨대 일시에 소멸하여 다시는 영원히 일어나지 않게 하여 주옵소서.」

「제자들이 앞 생각과 지금 생각과 뒷 생각이 순간순간마다 질투에 물들지 않게 하소서. 과거부터 지어 온 나쁜 악업과 질투 등의 죄를 모두 참회하오니 원컨대 일시에 소멸하여 다시는 영원히 일어나지 않게 하여 주옵소서.」

선지식이여, 이것이 무상참회無相懺悔이다. 참懺이란 어떤 것이며 또 회悔란 어떤 것인가?

참懺이라는 것은 지나간 허물을 뉘우침이니 과거 우리가 지었던 악업인 어리석음과 미혹함과 교만함과 남을 속임과 질투 등의 온갖 죄를 모두 다 뉘우쳐서 영원히 다시는 일어나지 않게 하는 것을 참이라 한다.

회悔라는 것은 이 후에 오기 쉬운 허물을 조심하여 다음부터 있을 악업인 어리석음과 미혹함과 교만과 속임과 질투 등의 죄를 지금 미리 깨달아서 모두 끊고 다시는 짓지 않기로 하는 것을 회悔라고 하므로 이것을 합하여 참회라 한다.

　범부들은 어리석고 미혹하여 다만 지나간 허물은 뉘우칠 줄 알지만 앞으로 있을 허물은 알지 못하여 뉘우칠 줄 모르므로 예전의 죄업이 없어지지 않고 새로운 죄가 잇달아 생기니 이러고야 어찌 참회라 할 것이냐?

　선지식이여, 이미 참회를 하였으니 이제는 선지식들과 함께 사홍서원四弘誓願을 발원하자. 각각 마음을 바로 하여 잘 들어라.

　　　내 마음의 수많은 중생들을 건지오리다.
　　　내 마음의 끝없는 번뇌를 끊으오리다.
　　　내 성품의 크고 바른 법문을 배우오리다.
　　　내 성품의 높고 귀한 불도를 이루오리다.

　　　自心衆生無邊誓願度　자심중생무변서원도
　　　自心煩惱無邊誓願斷　자심번뇌무변서원단
　　　自性法門無盡誓願學　자성법문무진서원학
　　　自性無上佛道誓願成　자성무상불도서원성

선지식이여, 수많은 중생들을 건진다 하는 것은 이렇게 말하는 이 혜능慧能이 여러 분들을 건진다는 것과 같은 뜻이 아니다. 각자의 마음 속의 중생이란 이른바 삿되고 미혹한 마음, 망령되고 진실치 못한 마음, 착하지 못한 마음, 질투하는 마음, 악독한 마음, 이런 마음이 다 중생이다. 그러므로 각각 자기의 성품을 스스로 건지는 것이니 이것이 참으로 건지는 것이다.

그러면 어떻게 하는 것이 자기의 성품을 스스로 제도하는 것인가? 즉 자기 마음속의 삿된 견해와 망상과 어리석은 중생을 바른 견해로 제도하는 것이다.

이미 정견正見이 있으므로 반야지혜의 칼로 어리석고 미혹하여 망령된 중생을 쳐 부수어 각각 제도하되 삿된 것이 오면 올바른 것으로 제도하고, 미혹함이 오면 깨달음으로 제도하고, 어리석음이 오면 지혜로 제도하고 악이 오면 선으로 제도하는 이와 같은 제도를 참된 제도라 한다.

또 끝없는 번뇌를 끊는다 하는 것은 자성의 반야 지혜로 허망한 생각을 없애버리는 것이다.

또 크고 바른 법문法門을 배운다 하는 것은 스스로 성

품을 보아 항상 바른 법을 행하는 것이다.

　또 높고 귀한 불도를 이룬다 하는 것은 항상 마음을 낮추어 하심下心하고 바른것을 행하며 미혹도 여의고 깨달음도 여의어서 언제나 반야般若를 내며, 참된 것도 없애고 망령된 것도 없애어 바로 불성을 보면 곧 불도를 이루는 것이니 항상 수행을 생각하여라. 이것이 곧 원력願力의 법이다.

　선지식이여, 이제 사홍서원을 일으켰으니 다시 선지식들에게 상相이 없는 삼귀의계三歸依戒를 주겠다.

　선지식이여, 깨달은 양족존兩足尊께 귀의하고, 올바른 이욕존離欲尊께 귀의하며 청정한 중중존衆中尊께 귀의하라.

　앞으로는 깨달은 분을 스승으로 삼고 다시는 삿된 악마와 외도外道에 의지하지 말것이며 자성삼보自性三寶로써 항상 스스로 증명하게 하라.

　선지식들이여, 그대들에게 권하니 자성삼보에 귀의하라.

　　부처란 것은 깨달음이요,
　　법이란 것은 올바른 것이요,

승(僧)이란 것은 청정함이다.

佛者覺也 불자각야
法者正也 법자정야
僧者淨也 승자정야

자기 마음을 깨달음에 귀의하여 삿된 것과 미혹함이 일어나지 않게 하고, 욕심을 적게 하여 만족할 줄 알아서 능히 재물과 애욕을 떠나면 이것이 양족존(兩足尊)이다.

자기 마음을 올바름에 귀의하면 생각 생각에 삿된 소견이 없으므로 나다 남이다 분별하여 잘난체 함과 탐욕과 애욕의 집착이 없으리니 이것이 이욕존(離欲尊)이다.

자기 마음을 청정함에 귀의하면 모든 번뇌와 애욕의 경계에 자성이 물들거나 집착하지 않으리니 이것이 중중존(衆中尊)이다.

만일 이렇게 행을 닦으면 이것이 스스로 귀의하는 것인데 범부들은 알지 못하고 낮부터 밤까지 삼귀계(三歸戒)를 받는다 하는데, 만일 부처님께 귀의한다고 말하지만 부처님이 어느 곳에 계시며, 만일 부처님을 보지 못한다면 무엇을 의지해서 귀의한다고 할 것인가? 귀의한다는 말이 도리어 허망한 일이다.

선지식이여, 각각 스스로 살펴서 마음을 잘못 쓰지 않도록 하여라.

경문經文=화엄경 정행품에서 분명히 말씀하시기를

스스로 자기 부처自佛에게 귀의하라.

自歸依佛 자귀의불

하셨고 다른 부처에게 귀의하라는 말씀은 없었다. 자기 부처에게 돌아가지 않으면 의지할 곳이 없으니 이제 이미 스스로 깨달았으면 각자 마땅히 자기 마음의 삼보에 귀의하라. 안으로 심성心性을 고르게 하고 밖으로는 다른 사람을 공경하여라. 이것이 스스로 귀의하는 것이다.

선지식이여, 이미 스스로의 삼보自三寶에게 귀의하였으니 다시 각각 지극한 마음을 가져라. 내가 하나의 바탕이면서 세가지 몸인 일체삼신一體三身의 자성불自性佛을 설하여 니희들로 하여금 삼신三身=법신·보신·화신을 분명히 보고 스스로 자기의 성품을 깨닫게 하리니 모두 나를 따라 이렇게 부르라.

「자기 육신自色身의 청정법신불淸淨法身佛에 귀의하며,
　자기 육신의 원만보신불圓滿報身佛께 귀의하며,
　자기 육신의 천백억 화신불化身佛께 귀의합니다.」

於自色身歸依淸淨法身佛 어자색신귀의 청정법신불
於自色身歸依圓滿報身佛 어자색신귀의 원만보신불
於自色身歸依千百億化身佛 어자색신귀의 천백억화신불

선지식이여, 육신은 집과 같아서 여기에 귀의한다 말할 수 없는 것이다. 앞에서 말한 삼신불三身佛은 자기의 성품속에 있고 세상 사람이 모두 다 가졌으면서도 자기의 마음이 어두워 안에 있는 성품을 보지 못하고 밖으로 삼신여래三身如來를 찾느라고 자신 가운데에 있는 삼신불은 보지 못하는 것이다.

너희들은 잘 들어라. 너희들로 하여금 자기 몸 안의 자성에 있는 삼신불三身佛 보게 하리라. 이 삼신불은 자성으로부터 나오는 것이지 밖으로부터 얻는 것이 아니다.

어떤 것을 청정법신불淸淨法身佛이라 하는가?

세상 사람들의 성품은 본래 청정하여 만법萬法이 자성으로부터 나온다. 모든 악한 일을 생각하면 곧 악한 행동이 일어나고, 온갖 착한 일을 생각하면 곧 착한 행이 나타난다.

이와같이 모든 법이 자성 가운데 있는 것이다. 마치 하늘이 맑을 때는 해와 달이 항상 밝지마는 만약 구름이 해와 달을 가리면 위는 밝지만 아래는 어두운 것이다. 그러나 홀연히 바람이 불면 구름이 흩어져 위와 아래가 함께 밝아지고 모든 것이 다 나타나는 것과 같다.

세상사람들의 들뜬 마음은 저 하늘에 떠 있는 구름과 같다.

선지식이여, 지智는 저 밝은 해와 같고 혜慧는 달과 같다. 지혜는 언제나 밝은데 밖으로 마음이 경계境界에 집착해서 헛된 생각의 뜬구름이 덮이므로 자성이 밝지 못하다가 다행히 선지식을 만나서 진정한 법을 듣고 스스로 망령된 것을 없애면 안과 밖이 밝게 사무쳐 자성 속에서 만법萬法이 다 나타나게 된다.

견성한 사람도 또한 이와같으니 이것을 청정 법신불法身佛이라 이름한다.

선지식이여, 자기의 마음이 자기의 성품에 귀의하면 이것이 참 부처에게 귀의하는 것이다.

스스로 귀의한다는 것은 자성 가운데에 있는 착하지 못한 마음과 질투하는 마음과 아첨하고 굽은 마음과 나를 내세우는 마음과 거짓되고 망령된 마음과 남을 업신여기는 마음과 남에게 거만한 마음과 사특한 마음 등 언제 어디서나 착하지 않은 행을 모두 없애고 항상 자기의 허물을 스스로 살피며 다른 사람의 나쁨을 말하지 않는 이것이 스스로 귀의하는 것이다.

그러므로 항상 마음을 낮추어 널리 공경하면 곧 성품을 보아 통달해서 다시 걸리고 막힘이 없게 되니 이것을 스스로 귀의하는 것이라 한다.

무엇을 천백억화신千百億化身이라 하는가?

만약 만법萬法을 생각하지 않으면 성품이 본래 허공과 같으나 한 생각 헤아리면 변화하는 것이니, 악한 일을 생각하면 변화하여 지옥이 되고, 착한 것을 생각하면 변화하여 천당이 되며, 모진 해를 입히면 변화하여 용이나

이무기가 되고, 자비를 베풀면 보살이 되며, 지혜로우면 변화하여 높은 경계가 되고, 어리석으면 변화하여 낮은 경계가 된다.

이렇게 자성의 변화가 매우 많아서 미혹한 사람은 살펴 깨닫지 못하는 동안에 생각 생각이 악을 일으켜서 항상 악한 짓만 하게 되지만 한 생각 돌이켜 선해지면 지혜가 곧 생기니, 이것을 이름하여 자성의 화신불化身佛이라 한다.

어떤 것을 원만보신불圓滿報身佛이라 하는가?

비유하면 한 등불이 능히 천년의 어둠을 없애는 것과 같이 한 지혜가 능히 만년의 어리석음 없애니 과거를 생각하지 말아라. 이미 지나간 것은 얻지 못한다. 언제나 후일을 생각하여 생각 생각을 뚜렷하고 밝게 하여 스스로 본래의 성품을 보면 선과 악은 비록 다르지만 본래 성품은 둘이 아니다.

둘이 없는 이 성품을 참다운 성품이라 이름하는데 참다운 성품 가운데서 선과 악에 물들지 않는 것을 원만보신圓滿報身이라 이름한다.

자기의 성품에 한 생각 악한 것을 일으키면 만겁萬劫동

안 착한 씨앗이 없어지고 한 생각 선한 생각을 일으키면 항하의 모래수 같은 수많은 죄업이 모두 없어지니 곧 바로 위없는 깨달음에 이르러서 생각 생각에 자기의 성품을 보아 근본 마음을 잃지 않는 것을 보신불報身佛이라 이름한다.

선지식이여, 법신法身으로 부터 생각하고 헤아리면 이것이 곧 화신불化身佛이고, 생각 생각에 자기의 성품을 스스로 보면 이것이 곧 보신불報身佛이다.

스스스로 깨닫고 스스로 닦는 자성공덕自性功德을 참다운 귀의歸依라 한다.

이 가죽과 살은 색신色身이니 색신은 집과 같은 것이라 귀의한다고 말할 수 없다.

다만 자성의 삼신三身을 깨달으면 바로 자기 성품의 부처自性佛를 아는 것이다.

나에게 한 무상송無相頌이 있으니 만일 외워 가지면 말이 떨어지자마자 바로 너희로 하여금 오랫 동안 쌓아 온 미혹한 죄를 일시에 소멸하게 하리라." 하시고 다음 게송을 설하셨다.

어리석은 사람은 도는 닦지 아니하고
오직 복닦는 것을 도라고 하나니
보시하고 공양하는 복이 비록 많지만
마음 속의 삼악은 어쩔 수 없네.

迷人修福不修道　미인수복불수도
只言修福便是道　지언수복변시도
布施供養福無邊　보시공양복무변
心中三惡元來造　심중삼악원래조

복을 닦아 죄를 없앤다 하지만
후세에 복을 받아도 죄는 그냥 있다네.
다만 마음속 죄의 인연을 없애려면
각기 자성속에 참으로 뉘우쳐서

擬將修福欲滅罪　의장수복욕멸죄
後世得福罪還在　후세득복죄환재
但向心中除罪緣　단향심중제죄연
各自性中眞懺悔　각자성중진참회

문득 대승의 참다운 참회를 깨닫고
삿됨 없애고 바른 것을 행하면 곧 죄가 없으리라.
도를 배우며 항상 자기 성품 관하면
곧 모든 부처님과 더불어 하나되리라.

忽悟大乘眞懺悔　홀오대승진참회
除邪行正卽無罪　제사행정즉무죄
學道常於自性觀　학도상어자성관
卽與諸佛同一類　즉여제불동일류

우리 조사께서 이 법을 전하심은
모두 다 견성하여 일체가 되길 원하심이니
앞으로 만일 법신을 찾고자 하면
모든 법의 상을 여의고 마음을 씻어라.

吾祖惟傳此頓法　오조유전차돈법
普願見性同一體　보원견성동일체
若欲當來覓法身　약욕당래멱법신
離諸法相心中洗　이제법상심중세

스스로 노력하여 한가히 지내지 말라.
뒷생각 홀연히 끊어지면 한 세상 쉬어지니
만약 대승을 깨달아 견성하려거든
공손히 합장하고 지극히 구하여라.

努力自見莫悠悠　노력자견막유유
後念忽絶一世休　후념홀절일세휴
若悟大乘得見性　약오대승득견성
虔恭合掌至心求　건공합장지심구

다시 조사께서 말씀하시기를
"선지식이여, 마땅히 모두 외워 가지라. 그리고 이를 의지하고 수행하면 바로 성품을 볼 것이니 비록 나와 천리를 떨어져 있더라도 항상 내곁에 있는 것과 다름 없지만 언하言下에 깨닫지 못하면 얼굴을 서로 맞대고 있더라도 천리만큼 멀리 떨어져 있는 것과 같으니 어찌하여 애써 멀리서 오겠느냐? 아무쪼록 조심하여 잘 가거라."
하시니 대중이 법을 듣고 모두 깨달아 기쁘게 받들어 행하였다.

제칠 기연품
弟七機緣品

제칠 기연품 機緣品

조사께서 처음 황매黃梅에서 법을 얻으신 후 소주韶州의 조후촌曹候村으로 오셨으나 아는 사람이 아무도 없었다.

그때 유지략劉志略이라는 선비가 있어서 매우 두터운 예로 접대하였다. 이 선비의 고모가 비구니였는데 이름은 무진장이었다. 이 여승은 항상 열반경을 외웠는데 조사께서 잠깐 들으시고는 그 뜻을 풀어 말씀하시니 그 비구니가 책을 펴고 글자를 물었다.

조사께서 말씀하시기를

"나는 글자를 알지 못하니 뜻을 물어 보라." 하시니 무진장 비구니가 말하기를

"글자도 모르면서 어떻게 뜻을 안다고 하십니까?" 하였다. 조사께서 말씀하시길

"모든 부처님의 묘한 이치는 문자와 관계가 없느니라." 하시니 무진장 비구니가 크게 감탄하고 놀라서 마

을을 두루 돌아다니면서 사람들에게 말하기를

"저 사람은 필시 도인이니 잘 받들어야 되겠다."

하니 이 말을 듣고 위무후魏武候의 현손玄孫 조숙량曹叔良과 여러 주민들이 다투어 와서 친견하였다.

그때 보림사寶林寺라는 옛 절이 수나라 말기의 병화兵火로 불타버리고 터만 남았었는데 이 폐허에 다시 절을 짓고 대사를 맞이하여 계시게 하였다.

조사께서 그곳에 주석하신지 9개월 남짓하였을 때, 또 악당惡黨들에게 쫓기어 앞산으로 피신하시자 그들은 또 산에 불을 놓아 초목을 다 태웠다.

그때 조사께서 바위틈에 들어가 몸을 숨겨 난을 모면하셨는데 그때 그 자리에 지금도 가부좌跏趺坐 하셨던 무릎 자리며 옷자락 자국이 돌에 남아 있으므로 그 돌을 피난석이라고 이름한다.

조사는 오조께서 가르치신 회懷자 든 고장을 만나면 머물고 회會자 든 고장에서 숨으라고 당부하신 것을 생각하시고 고을에서 몸을 숨기셨다.

법해法海라는 스님은 소주의 곡강曲江 사람이다. 처음으

로 조사를 찾아뵙고 여쭙기를

"즉심즉불卽心卽佛 지금 이 마음이 곧 부처다 하신 뜻을 가르쳐 주십시오."하니 조사께서 말씀하시기를

"앞 생각이 나지 않는 것이 곧 마음이요, 뒷 생각이 없어지지 않는 것이 곧 부처이며, 모든 상相을 이루는 것이 곧 마음이요, 일체의 상을 여의는 것이 곧 부처이니 내가 만일 이것을 다 말하려면 겁이 다하여도 끝이 없나니 나의 게송偈頌을 들으라.

    혜가 곧 마음이요
    정이 곧 부처이니
    정과 혜가 서로 같으면
    그 뜻이 청정하리라.

    卽心名慧　즉심명혜
    卽佛乃定　즉불내정
    定慧等持　정혜등지
    意中淸淨　의중청정

나의 이 법문을 깨달음은
너의 익혀온 습성 때문이니
용은 본래 나는 것이 아니니
정과 혜를 함께 닦으라.

悟此法門 오차법문
由汝習性 유여습성
用本無生 용본무생
雙修是正 쌍수시정

법해法海가 이 말을 듣고 크게 깨닫고 게송으로서 찬탄하였다.

지금 이 마음이 부처인 것을
깨닫지 못하고 스스로 굽혔는데
나는 이제 정과 혜의 원인 알았으니
쌍으로 닦아서 모든 것 여의겠습니다.

卽心元是佛 즉심원시불

不悟而自屈 불오이자굴
我知定慧因 아지정혜인
雙修離諸物 쌍수이제물

　법달法達스님은 홍주洪州 사람으로 일곱 살에 출가하여 항상 법화경을 독송하였다. 그가 육조대사께 예배드릴 때에 머리가 땅에 닿지 않으므로 조사께서 꾸짖으시기를

　"그렇게 머리를 숙이기 싫으면 무엇 때문에 절은 하느냐. 너의 마음속에 반드시 어떤 한 물건이 있는 모양인데 무엇을 익혀 왔느냐?"

　하시니 법달이 말씀드리기를

　"제가 법화경을 이미 삼천번이나 외웠습니다."

　하고 대답하니 조사께서 다시 말씀하시기를

　"그대가 만일 만 법을 외워 그 경의 뜻을 얻었더라도 그것을 자랑으로 알지 않으면 나와 더불어 함께 행할 수 있지만 네가 그 일을 스스로 자랑으로 생각한다면 그것은 도리어 허물이라는 것을 알지 못하는구나. 그러니 나의 게송을 들어보이라."

절이란 본래 아만을 꺾는 것인데
어찌하여 머리가 땅에 닿지 않는고?
나라는 생각있으면 허물이 일어나고
자기 공로를 잊으면 복이 한량없으리라.

禮本折慢幢 예본절만당
頭奚不至地 두해불지지
有我罪卽生 유아죄즉생
亡功福無比 망공복무비

조사께서 다시 물으셨다.
"너의 이름이 무엇이냐?"
"예, 법달法達이라 합니다."
"너의 이름이 법달法達이라니 어떻게 그리 일찌기 법을 통달하였느냐?"
하시며 다시 게송을 설하셨다.

네가 방금 법달이라 이름하였는데

그동안 쉼없이 얼마나 외웠나?
공연히 외우면 소리만 쫓을뿐
마음을 밝혀야 보살이라 이름하리.

汝今名法達　여금명법달
謹誦未休歇　근송미휴헐
空誦但循聲　공송단순성
明心號菩薩　명심호보살

네가 이제 인연이 있으므로
내가 너를 위하여 설해 주노라.
다만 부처는 말이 없는 것임을 믿으면
아름다운 연꽃이 입에서 피리라.

汝今有緣故　여금유연고
吾今爲汝說　오금위여설
但信佛無言　단신불무언
蓮華從口發　연화종구발

법달이 게송을 듣고 깊이 뉘우치며 말씀드렸다.

"이제부터는 마땅히 일체를 공경하고 겸손하겠습니다. 제자가 법화경을 염송하였으나 진정으로 경 뜻을 알지 못해서 항상 마음 속 깊이 의심이 있었습니다. 화상께서는 넓고 크신 지혜로써 간략히 경뜻을 말씀해 주소서."

조사께서 말씀하셨다.

"법달이 법에는 통달했으나 자신의 마음은 모르는구나. 경은 본래 의심할 것이 없는 것인데 너의 마음이 스스로 의심하는구나. 너는 이 경을 무엇으로 근본宗을 삼았다고 생각하느냐?"

법달이 말씀드렸다.

"제가 근성根性이 어둡고 우둔하여 이제까지 문자만으로 의지하여 읽었을 뿐이오니 어찌 종宗의 근본 취지를 알 수 있겠습니까?"

그러자 조사께서 말씀하셨다.

"그러냐, 그러면 내가 문자를 알지 못하니 네가 그 경을 한 번 읽어 보아라. 그러면 내가 듣고서 너를 위해 해설해 주리라."

법달이 곧 소리 높여 경을 읽어 내려가다가 비유품譬喻品에 이르렀을 때, 조사께서 말씀하시기를

"그만 그쳐라. 이 경은 원래 인연출세因緣出世로써 근본을 삼은 것이니, 비록 여러가지 비유를 말씀하셨더라도 여기서 더 넘을 것이 없다. 그러면 무엇을 인연이라 하는가? 경에 말씀하시기를, '모든 부처님은 오직 일대사一大事 인연으로써 이 세상에 출현하셨다.'고 하셨는데, 일대사란 것은 곧 부처님의 지견知見인 것이다. 세상 사람들은 밖으로 미혹하여 상相에 집착하고 안으로 어두워서 공空에 빠지는데 만일 능히 상相에서 상相을 여의고 공空에서 공을 여의면 안과 밖이 함께 미혹하지 않을 것이다.

만일 이 법을 깨달으면 한 생각에 마음이 열리는데 이것이 부처님의 지견知見을 얻는 것이다. 부처란 깨달음이란 뜻이니, 이것을 사문四門 즉 넷으로 나누면 다음과 같다.

첫째, 깨달음의 지견을 열어 주고,
둘째, 깨달음의 지견을 보여 주며,
셋째, 깨달음의 지견을 알게 하고,

넷째, 깨달음의 지견에 들게 하는 것이다.

開覺知見 개각지견
示覺知見 시각지견
悟覺知見 오각지견
入覺知見 입각지견

만일 열어보임을 듣고 능히 알아 들어가면 깨달음의 지견인 본래의 참 성품이 나타날 것이다.

너는 삼가 경의 뜻을 잘못 알아서 '열어 보이어 깨달아 들어가게 한다.'고 하신 것에 대하여 이것은 부처님의 지견을 말한 것이지 우리들 분상에는 맞지 않는 것이라고 생각하지 말라.

만일 이렇게 생각하면 이것은 곧 부처님을 헐뜯고 경전을 비방하는 것이 된다.

너는 이제 이미 부처이고 이미 부처의 지견知見을 갖추었는데 어찌 다시 열 것이 있겠는가. 너는 이제 마땅히 믿어라.

부처의 지견이라는 것은 곧 너 자신의 마음이니 달리

다른 부처가 없다는 것을 믿어야 한다.

대체로 모든 중생이 스스로 빛을 가리고 육진六塵 경계에 빠져서 밖으로 끌리고 안으로 흔들려서 쫓고 쫓기는 시달림을 달게 받기 때문에 부처님께서 삼매三昧로부터 일어나셔서 여러가지 간곡한 말씀으로 권하여 편안히 쉬게 하셨다. 밖을 향해 구하지 않으면 부처님과 더불어 둘이 아니니라. 그러므로 부처님의 지견을 연다 하셨다.

나도 모든 사람들에게 권하는데 자기의 마음 가운데서 부처의 지견을 열라고 말하지만 세상 사람들의 마음이 사특하고 어리석어서 탐심·진심·질투·아첨·아만 등으로 남을 해치고 사물을 해롭게 하여 스스로 중생의 지견을 열고 있다.

너는 마땅히 생각 생각에 부처의 지견을 열고 중생지견을 열지 말아라. 부처의 지견을 열면 곧 이것이 출세간出世間이요 중생의 지견을 열면 곧 이것이 세간世間이니라.

네가 만일 힘들여 경이나 외우고 생각을 집착하는 것으로써 공부를 삼는다면 꼬리소犛牛=이 소는 꼬리가 매우 좋으므로 그 꼬리를 탐내는 사람의 손에 죽게 된다고 함가 꼬리를 사랑하는 것과 무엇이 다르겠느냐?"
 하시니 법달이 다시 여쭙기를

"만일 그렇다면 뜻만 이해하고 경전은 수고스럽게 외우지 않아도 되겠습니까?"
 하니, 조사께서 말씀하시기를
 "경에 무슨 허물이 있어서 너에게 외우는 것을 못하게 하겠느냐? 다만 미혹함과 깨달음이 사람에게 있고, 손해와 이익이 자기에게 달렸으니, 입으로 외우고 마음으로 행하면 이것이 곧 경經을 굴리는 것이요, 입으로는 외우지만 마음으로는 행하지 않으면 곧 이것은 경經에 굴림을 받는 것이니라."
 나의 게송을 들어라.

> 마음이 미혹하면 법화가 너를 굴리고
> 마음이 밝으면 네가 법화를 굴리나니.
> 경을 아무리 외워도 그 뜻을 모르면
> 경 뜻이 오히려 원수가 되리라.

心迷法華轉 심미법화전
心悟轉法華 심오전법화
誦經久不明 송경구불명
與義作讎家 여의작수가

생각 없는 그 생각이 곧 바른 것이고
생각 있는 그 생각이 삿된 것이니
있고 없고를 모두 따지지 않는다면
흰 소가 끄는 수레를 길이 타리라.

無念念卽正 무념념즉정
有念念成邪 유념념성사
有無俱不計 유무구불계
長御白牛車 장어백우거

법달이 게송을 듣고 크게 깨달아 자신도 모르게 눈물을 흘리면서 말씀드리기를
"저는 이제까지 한 번도 법화法華를 굴리지 못하고 법화경의 굴림을 받았습니다." 하며 또 말씀드리기를

"경에 말씀하시기를 '모든 성문聲聞과 보살들이 생각을 다 하여 헤아리더라도 부처님의 지혜를 알 수 없다.' 하였는데 지금 범부로 하여금 자기의 마음을 깨달으면 바로 그것이 부처님의 지견이라 하시니, 스스로 높은 근기가 아니면 의심이나 비방을 면하지 못할 것입니다.

경에 세 가지 수레를 말씀하셨는데, 양이 끄는 수레와 사슴이 끄는 수레가 어떻게 흰 소가 끄는 수레와 다른지 원하옵건대 화상께서는 다시 한 번 가르침을 열어 주십시오." 하니

조사께서 말씀하시기를

"경의 뜻이 분명한데 네가 스스로 어리석어 등진 것이다. 성문·연각·보살들이 능히 부처님의 지혜를 알지 못하는 것도 그 병의 원인이 헤아림에 있는 것이다. 그들이 아무리 생각을 다하고 이치를 따져 보아도 점점 더 어렵고 멀어질 뿐이다.

부처님께서 본래 범부를 위하여 설하신 것이지 부처를 위하여 설하신 것이 아니다. 이 이치를 만약 믿지 않는다면 저 수많은 수행자와 같이 자리에서 물러가더라도 어찌할 수 없지만 그것이 더구나 흰소가 끄는 수레

위에 앉아 있으면서 다시 문 밖에 있는 세 수레를 찾는 것은 전혀 알 수가 없는일이다.

하물며 경문에 분명히 말씀하시기를 '오직 일불승―佛乘뿐이요 다른 2승도 3승도 없다.' 하셨고, 또한 '무수한 방편과 가지가지 인연과 비유의 말씀이 모두 일불승을 위한 것이다.' 하셨는데 너는 어찌 세 가지 수레는 거짓이라 옛날을 위한 것이며, 일승―乘은 진실이라 지금을 위한 것임을 알지 못하느냐?

다만 너희로 하여금 거짓을 버리고 참다운 것에 돌아가게 하는 것을 가르쳤으나, 실지로 돌아온 뒤에는 실지라는 이름도 또한 없으며, 모든 보배와 재물이 다 너에게 속하여 있으니 너의 마음대로 써라. 그리고 다시는 아버지니 자식이니 하는 생각도 할 것 없으며, 또 쓴다는 생각도 없어야 한다.

이렇게 알면 이것이 법화경을 가져서 아득한 과거에서 미래에 이르도록 손에 책을 놓지 않고 아침부터 밤이 되도록 생각하지 않는 때가 없음이 되는 것이다."

법달이 깨우침을 받고 뛸듯이 기뻐하면서 게송으로 찬탄하기를

경 외운 것 삼천번이
조계의 일구에 없어졌네.
출세의 뜻 밝히지 못하면
여러생의 미친 짓 어찌 쉴 것인가.

經誦三千部 경송삼천부
曹溪一句亡 조계일구망
未明出世旨 미명출세지
寧歇累生狂 영헐누생광

양과 사슴과 소는 방편인데
처음과 중간과 뒤에도 잘 드날렸네.
어느 누가 이 불난 집 속이
법왕의 처소임을 알았으랴.

羊鹿牛權設 양록우권설
初中後善揚 초중후선양
誰知火宅內 수지화택내
元是法中王 원시법중왕

조사께서 말씀하시기를

"네가 이제서야 비로소 경을 염송하는 법사라고 할만 하다."

하셨다. 법달이 깊은 뜻을 깨달은 뒤에도 경 외우기를 쉬지 않았다.

지통智通이라는 스님은 수주壽州의 안풍安豊사람이다. 처음에 능가경楞伽經을 약 천여 번이나 보았지만 세 가지의 몸三身과 네 가지 지혜四智를 몰라서 조사께 절하고 그 뜻을 여쭈었다. 조사께서 말씀하시기를

"세 가지 몸 중에서 청정법신淸淨法身은 너의 성품이요, 원만보신圓滿報身은 너의 지혜며, 천백억화신千百億化身은 너의 행동이니, 만일 본 성품을 여의고 따로 세 가지 몸三身에 따로 자기의 성품이 없음을 깨달으면 곧 네 가지 지혜의 보리四智菩提가 밝아질 것이다." 나의 게송을 들으라.

자성에 세 가지 몸을 갖추었으니
이를 밝히면 네 가지 지혜 이루나니
보고 듣는 인연을 떠나지 않고

초연히 부처 자리에 오르도다.

自性具三身　자성구삼신
發明成四智　발명성사지
不離見聞緣　불리견문연
超然登佛地　초연등불지

내가 이제 너를 위하여 말하노니
자세히 믿고 다시는 헤매지 말라.
밖을 치달아 구하는 자의
허튼 소리의 보리는 배우지 말라.

吾今爲汝說　오금위여설
諦信永無迷　체신영무미
莫學馳求者　막학치구자
終日說菩提　종일설보리

지통智通이 또 여쭙기를
"네 가지 지혜四智의 뜻도 말씀하여 주십시오."

하니 조사께서 말씀하시기를

"이미 세 가지 몸三身을 알았다면 네 가지 지혜四智도 따라서 알 것인데 다시 무엇을 또 묻느냐? 만일 삼신三身을 떠나서 따로 네 가지 지혜를 말하면 이것은 지혜만 있고 몸身은 없는 것이니, 이 지혜가 있다는 것이 도리어 무지無智를 이루게 되는 것이다."

다시 게송을 설하시기를

대원경지는 성품이 청정하고
평등성지는 마음에 병이 없는 것이며
묘관찰지는 보는게 공이 아니며
성소작지는 둥근 거울과 같음이로다.

大圓鏡智性淸淨　대원경지성청정
平等性智心無病　평등성지심무병
妙觀察智見非功　묘관찰지견비공
成所作智同圓鏡　성소작지동원경

오식과 팔식은 괴이고 육시·칠식은 인이니

말과 이름만 있을 뿐 참 성품은 없나니
만약 반연하는 곳에 뜻을 두지 않으면
끊임없이 일어나되 삼매에 있으리라.

　　五八六七果因轉　오팔육칠과인전
　　但用名言無實性　단용명언무실성
　　若於轉處不留情　약어전처불유정
　　繁興永處那伽定　번흥영처나가정

지통智通이 듣고 크게 깨달아 드디어 게송을 지어 올렸다.

세 가지 몸이 원래 내 몸이요,
네 가지 지혜는 본래 마음의 밝음일세.
몸과 지혜가 원융하여 걸림없으니
사물에 응하여서 그대로 나타나네.

　　三身元我體　삼신원아체
　　四智本心明　사지본심명

身智融無碍 신지융무애
應物任隨形 응물임수형

닦는다 하는 것은 모두가 망동이며
지키고만 있는 것도 참된 것이 아니네.
스승님 덕분으로 묘한 뜻 깨달으니
염상에 물들음이 없어지도다.

起修皆妄動 기수개망동
守住匪眞精 수주비진정
妙旨因師曉 묘지인사효
終亡染汚名 종망염오명

 지상智常스님은 신주信州의 귀계貴溪사람이다. 어려서 출가하여 견성見性하기를 뜻하다가 하루는 조사를 찾아뵙고 예를 드리니 조사께서 물으시기를
 "너는 어디서 왔으며 무엇을 구하려 하느냐?" 하시니
 "소승은 근래에 홍주洪州 백봉산白峰山에 찾아가서 대통화상大通和尙를 친견하고 견성성불見性成佛하는 법을 배웠사

오나 의심을 풀지 못하여 이렇게 멀리 찾아왔사오니 엎드려 바라건대 화상께서는 자비하신 마음으로 가르쳐 주십시오."

하였다. 조사께서 말씀하시기를

"그곳에서 어떻게 가르치더냐? 네가 어디 한번 그대로 말해보아라." 하시니

"소승이 그곳에 가서 석 달이 지나도록 가르침을 받지 못하였습니다. 법을 위한 간절한 마음으로 어느 날 저녁에 홀로 방장실에 들어가서

'화상이시여, 어떤 것이 지상智常의 본래 마음이고 본래의 성품입니까?' 하고 여쭈었더니 대통화상의 말씀이

"네가 허공을 보느냐?" 하시기에

"예 봅니다." 하니

"그러면 네가 본 허공 모양이 있더냐, 없더냐?" 하시기에 소승이 대답하기를

"허공은 형체形體가 없거늘 어찌 모양이 있겠습니까?" 하였더니, 조사께서 말씀하시기를

"너의 본래의 성품도 마치 저 허공과 같아서 한 물건도 가히 볼 수 없음을 알면 이것이 옳게 보는 것이다.

한 물건도 가히 알것이 없음을 깨달으면 이것이 참으로 아는 것이니, 푸른 것도, 노란 것도, 긴 것도, 짧은 것도 없고, 다만 근본 바탕이 청정하고 깨달음의 본체가 뚜렷이 밝음을 보면 이것이 곧 견성 성불이며, 또 여래의 지견知見인 것이다." 하였습니다.

소승이 비록 말씀을 들었으나 아직도 알지 못하오니 부디 화상께서 가르쳐 주십시오." 하였다.

조사께서 말씀하시기를

"그 스님의 말에는 아직도 보는 것見과 아는 것知을 남겨 두었으므로 너로 하여금 깨닫지 못하게 한 것이다. 내가 이제 너에게 한 게송偈頌을 보이겠다." 하셨다.

한 법도 보지 않고 없다는 봄을 두는가.
뜬 구름이 태양을 가리움과 같구나.
한 법도 알지 않고 공이라는 앎을 두면
도리어 허공에서 번개침과 같도다.

不見一法存無見 불견일법존무견
大似浮雲遮日面 대사부운차일면

不知一法守空知　부지일법수공지
還如太虛生閃電　환여태허생섬전

이러한 봄과 앎이 잠시라도 일어나면
그릇된 인식이라 어찌 방편인 줄 알리요.
네가 마땅히 한 생각에 그릇된 줄을 알면
자기의 신령한 빛이 항상 드러나리라.

此之知見瞥然興　자지지견별연흥
錯認何曾解方便　착인하증해방편
汝當一念自知非　여당일념자지비
自己靈光常顯現　자기영광상현현

지상(智常)이 게송을 듣고 마음이 홀연히 열리어 게송을 지어 올렸다.

까닭없이 지견을 일으켜서
상에 빠져 보리를 구하였도다.
한 생각이라도 깨달았다는 뜻을 두면

어찌 옛날의 미혹함과 다르리요.

無端起知見　무단기지견
著相求菩提　착상구보리
情存一念悟　정존일념오
寧越昔時迷　영월석시미

자기 성품 깨침의 본원체가
봄과 앎을 따라서 잘못 흐르니
조사의 방에 들어오지 아니했던들
아득히 지·견으로 나아갔으리라.

自性覺源體　자성각원체
隨照枉遷流　수조왕천류
不入祖師室　불입조사실
茫然趣兩頭　망연취양두

지상智常이 하루는 조사께 여쭙기를
"부처님께서 삼승법三乘法을 말씀하시고 또 최상승最上乘

을 말씀하시니 제자가 이것을 이해하지 못하겠습니다. 원컨대 가르쳐 주십시오." 하였다.

조사께서 말씀하시기를

"너는 너의 본심만을 보고 객관의 법상法相에 집착하지 말아라. 법에는 네 가지 승乘이 없지만 사람이 스스로 마음에 차등을 두고 있으니 보고 듣고 외우는 것은 소승小乘이요, 법을 깨달아 뜻을 알면 중승中乘이요, 법에 의하여 수행하면 대승大乘이요, 만법에 다 통하고 만법을 갖추었지만 일체에 물들지 않고 모든 법상法相을 여의어서 하나도 얻은 것 없는 것을 이름하여 최상승最上乘이라 한다.

승乘이라는 것은 곧 행한다는 뜻이며 입으로 다투는 데 있지 않으니, 너는 마땅히 스스로 닦을지언정 나에게 묻지 말라. 언제 어느 때나 자성自性은 스스로 여여如如하니라."

하시니 지상智常이 절하여 감사하고 조사께서 세상을 떠나실 때까지 곁에서 정성껏 모셨다.

지도志道라는 스님은 광주廣州의 남해 사람이다. 지도가

조사께 법문을 청하며 말씀드리기를

"소승이 출가한 이후로 십여 년이 넘도록 열반경涅槃經을 읽었지만 그 참뜻을 밝히지 못했사오니 원컨대 화상께서는 가르침을 주십시오."

하였다. 조사께서 물으시기를

"네가 어느 곳을 밝히지 못했느냐?"

'諸行無常 是生滅法   제행무상 시생멸법
生滅滅已 寂滅爲樂   생멸멸이 적멸위락'

"모든 것이 무상하여 나고 죽는 법이니, 나고 죽음이 없어지면 적멸寂滅이 곧 낙이다 한 여기에 의심이 있습니다." 하였다.

"그럼 너는 어떻게 의심하느냐?"

하시니 지도志道가 대답하기를

"일체 중생에게는 모두 두가지 몸이 있으니, 이른바 육신인 색신色身과 법신法身입니다. 색신은 덧없어서 생生도 있고 멸滅도 있지마는, 법신은 영원하여 앎知도 없고 깨달음覺도 없는데 열반경에서는 '나고 죽음을 없애면 적멸寂滅함이 곧 낙樂이 된다.' 하였으니 이 도리를 알 수 없습니다. 어떤 몸이 적멸해지는 것이며, 어떤 몸이 낙樂을 받는다는 것입니까?

만약 색신色身이라면 이 육신이 멸할 때에 지·수·화·풍 사대四大가 흩어져서 몹시 괴로울 뿐인데 고苦를 낙이라 말할 수 없을 것입니다.

만약 법신이라면 적멸寂滅하여 곧 초목이나 기와나 돌과 같은 것인데 누가 있어 낙을 받습니까?

또 법의 성품 이것이 생멸生滅의 체體이고, 오온五蘊은 생멸의 용用이니, 하나의 체體에 색·수·상·행·식의 다섯가지 작용으로 나고 죽는 것은 항상한常 것으로써, 나는生 것은 체體로 좇아서 용用이 일어나고 죽는 것滅은 곧 용用을 거두어서 체體로 돌아가는 것입니다.

만약 다시 생生한다고 하면 곧 유정의 종류에서 끊어지지 않고 없어지지 않는 것입니다. 또한 다시 생生하지 않는다고 하면 영원히 적멸寂滅한 곳으로 돌아가서 무정無情의 물질과 같을텐데 이렇게 되면 모든 법이 열반에 구속되어서 오히려 나지도 못할 것이니 무슨 낙樂이 있겠습니까?" 하였다.

조사께서 말씀하시기를

"네가 석존의 제자로서 어찌 외도外道의 단斷과 상常의 삿된 소견을 가지고 최상승最上乘 법을 의논하려 하느냐? 너의 말대로라면 곧 색신(육신) 밖에 따로 법신이 있고, 생멸生滅을 떠나서 적멸寂滅을 구하는 것이다.

또 열반의 영원한 즐거움도 몸이 있어야 수용受用 할 수 있다고 추측하는 모양인데 이것은 생사生死를 집착하고 아껴서 세속의 즐거움에 탐착하는 것이다.

너는 이제 마땅히 알아라. 부처님께서는 모든 어리석은 사람들이 오온五蘊으로 화합된 것을 자기의 근본 모습으로 삼고, 일체법一切法을 분별하여 바깥 모습으로 삼아서 나는 것을 좋아하고 죽는 것을 싫어하며, 생각 생각에 변하여 움직이되 꿈이고 환상이고 거짓인줄 모르고, 잘못 윤회輪廻에 빠지면서 열반의 즐거움을 도리어 괴로움으로 잘못 알고 종일토록 헤매므로 부처님께서 이를 불쌍히 여기시고 열반의 참다운 즐거움을 보이셨으니, 찰나에도 생生하는 상相이 없고, 찰나에도 멸하는 상相이 없어서, 다시 생과 멸을 가히 멸할 것도 없으므로 이것이 곧 적멸寂滅이 앞에 나타남을 보인 것이다.

앞에 나타날 때에 다시 앞에 나타난다는 생각도 없어야 이것이 이른바 상락常樂이라 한다.

이 낙樂은 받는 자도 없고 또한 받지 않는 자도 없는 것이니 어찌 하나의 체體에 다섯가지 오용五用이라는 이름이 있겠으며, 어찌 하물며 다시 열반의 모든 법을 구속하여 영원히 나지 못하게 한다고 말하겠느냐. 이런 말이 부처님을 비방하고 법을 헐뜯는 것이다."

나의 게송을 들으라.

위 없는 대 열반이여
항상 뚜렷이 밝아 비치건만
어리석은 범부는 죽음이라 하고
외도는 아주 단멸했다 말하네.

無上大涅槃　무상대열반
圓明常寂照　원명상적조
凡愚謂之死　범우위지사
外道執爲斷　외도집위단

이승을 구하는 사람들은
지음 없다고 내세우지만
모두 다 뜻으로 헤아리는 것이니
육십이 견해의 근본이로다.

諸求二乘人 제구이승인
目以爲無作 목이위무작
盡屬情所計 진속정소계
六十二見本 육십이견본

망령되이 세우는 거짓 이름이니
어찌 진실한 뜻이 있으리요.
오직 헤아림을 초월한 사람이라야
취하거나, 버릴 것 없음을 통달하여서

妄立虛假名 망립허가명
何爲眞實義 하위진실의
惟有過量人 유유과량인
通達無取捨 통달무취사

색·수·상·행·식 오온법을 알고
또한 오온 가운데의 나와
밖으로 나타나는 온갖 모양과
여러 소리와 여러 말 여러 이름이

以知五蘊法 이지오온법
及以蘊中我 급이온중아
外現家色象 외현가색상
一一音聲相 일일음성상

모두 다 환상이고 꿈인줄 알아서
범부니 성인이니 하는 소견 내지 않고
열반이라는 견해도 짓지 않으며
이변과 삼제가 모두 끊어져서

平等如夢幻 평등여몽환
不起凡聖見 불기범성견
不作涅槃解 부작열반해
二邊三際斷 이변삼제단

언제나 모든 근기를 맞추어 쓰지만
쓴다는 생각도 일으키지 않으며
모든 법을 잘 분별하지만
분별한다는 생각을 일으키지 아니하니

常應諸根用　상응제근용
而不起用想　이불기용상
分別一切法　분별일체법
不起分別想　불기분별상

겁의 불 일어나 바다 밑을 태우고
폭풍이 불어서 산끼리 부딪칠지라도
참으로 영원한 적멸의 즐거움은
그냥 그대로 열반상과 같으니라.

劫火燒海底　겁화소해저
風鼓山相擊　풍고산상격
眞常寂滅樂　진상적멸락
涅槃相如是　열빈상여시

내가 이제 굳이 말한 것은
너의 그 삿된 소견을 버리게 함이니
네가 이제 말만을 따르지 않으면
네가 조금 알았다고 인가 하리라.

吾今强言說 오금강언설
令汝捨邪見 영여사사견
汝勿隨言解 여물수언해
許汝知少分 허여지소분

지도(志道)선사가 게송을 듣고 크게 깨달은 다음 뛸 듯이 기뻐하며 절을 하고 물러갔다.

행사선사(行思禪師)는 길주(吉州)의 안성사람으로 유씨(劉氏) 집안에서 태어났다. 조계의 법석(法席)이 성황을 이룬다는 말을 듣고 즉시 와서 조사께 절하여 뵙고 여쭈었다.
"마땅히 어떻게 해야만 미(迷)와 오(悟), 범(凡)과 성(聖)같은 계급에 떨어지지 않겠습니까?" 하였다.
조사께서 되물으시기를

"네가 그동안 무엇을 하였느냐?" 하시니

"성제聖諦도 또한 하지 않았습니다." 하므로 다시

"어떠한 계급에 떨어졌느냐?" 물으시니

"성제聖諦도 하지 않았는데 어찌 계급이 있겠습니까?"

하였다. 조사께서는 큰 법기法器임을 여기시고 행사行思로 하여금 대중의 지도자로 삼으셨다. 하루는 행사에게 말씀하시기를

"너는 마땅히 한 지방의 교화를 책임지고 맡아서 끊어짐이 없게 하여라." 하셨다.

행사가 법을 얻은 뒤 길주의 청원산靑原山으로 돌아가 법을 크게 펴고 교화하였다.

회양懷讓선사는 금주金州의 두씨杜氏의 자손이다. 처음에 숭산의 안국사安國師를 찾아 뵈었는데 안국사께서 조계曹溪로 가서 물어보라 하므로 조사를 찾아와 예배하였다. 조사께서 물으시기를

"어디서 왔는가?" 하시니

"숭산에서 왔습니다." 하였다.

"어떠한 물건이 이렇게 왔는가?" 하시니

회양이 대답하기를

"설사 한 물건이라 하여도 맞지 않습니다." 하였다.

"도리어 닦아서 증득할 수 있는 것이냐?" 하시니

"닦아서 증득함은 없지 않으나 물들어 더럽혀짐은 없습니다." 하였다.

조사께서 말씀하시기를

"다만 그 물들지 않는 것이 모든 부처님께서 지키시는 것이니, 네가 그러하다면 나도 또한 그러하다. 서천의 반야다라般若多羅가 예언하시기를 '너의 발 밑에서 망아지 한 마리가 나와서 천하의 사람을 밟아 죽이리라.' 하였으니, 마땅히 이 말은 너의 마음에만 두고 모름지기 가벼히 말하지 말아라." 하셨다.

회양이 크게 깨닫고 옆에서 모시기를 열 다섯 해나 하였는데 더욱 깊은 경지에 들었다. 그런 뒤에 남악南嶽에 가서 크게 선종禪宗을 드날렸다.

영가현각永嘉玄覺 선사는 온주溫州의 대씨戴氏의 자손이다.

어려서부터 경과 논을 익혀서 천태지관天台止觀의 법문

에 정통하였으며, 유마경維摩經을 보다가 마음자리를 밝히게 되었다.

　우연히 조사의 제자인 현책玄策이 찾아와서 그와 더불어 한바탕 법담法談을 주고 받았다. 그런데 그의 말이 조사의 뜻에 계합契合하므로 현책玄策이 묻기를

　"스님에게 법을 주신 스승은 누구십니까?"

　하니 현각이 대답하기를

　"내가 방등경론方等經論은 스승이 있어서 배웠으나 뒤에 유마경에서 부처님의 심오한 종지宗旨를 깨닫고는 아직 그것을 증명證明해 줄 스승이 없습니다." 하였다.

　현책이 말하기를

　"위음왕불威音王佛 이전에는 그럴 수 있었지만 위음왕불 이후에는 스승 없이 스스로 깨닫는다는 것은 모두 천연외도天然外道가 된다 하였습니다."

　"그렇다면 선사께서 저를 위하여 증명하여 주십시오." 하였다.

　현책이 말하기를

　"저의 말은 가볍습니다. 조계에 육조대사가 계시는데 사방에서 수행자들이 모여와 법을 받고 있으니 만일 스

님께서 가시겠다면 동행하겠습니다." 하였다.

현각이 드디어 현책과 함께 와서 육조대사를 친견하고 조사의 둘레를 세 번 돌고는 석장錫杖을 짚고 서 있으므로 조사께서 말씀하시기를

"대체로 사문沙門이란 3천 위의威儀와 8만 세행細行을 갖추어야 하는데, 대덕大德은 어느 곳에서 왔기에 이렇게 큰 아만我慢을 내는가?" 하시니

현각玄覺선사가 말하기를

"나고 죽는 생사의 일이 크고 덧없음無常이 매우 매우 빠르옵니다." 하였다.

"어찌하여 나는 것이 없음無生을 알지 못하고 빠름 없음을 깨닫지 못하는가?" 하시니

"체달함에는 곧 남生이 없으며, 요달함에는 본래 빠름이 없습니다." 하였다. 조사께서

"옳다. 옳다." 하시니

현각玄覺이 그때야 비로소 위의威儀를 갖추어 절하고 나서 바로 하직 인사를 드렸다. 조사께서 말씀하시기를

"떠나는 것이 도리어 너무 빠르지 않느냐?" 하시니

"본래 움직임이 없는데 어찌 빠름이 있겠습니까?" 하

였다. 조사께서 말씀하시기를

"누가 움직이지 않음을 아느냐?" 하시니

"스승께서 스스로 분별分別을 내십니다." 하였다.

조사께서 말씀하시기를

"네가 분명히 남이 없는 무생지의無生之意을 얻었구나." 하시니

"무생無生이 어찌 뜻이 있겠습니까?" 하였다.

조사께서 말씀하시기를

"뜻이 없으면 누가 분별하겠는가?" 하시니

"분별하는 것이 또한 뜻이 아닙니다." 하였다.

조사께서 말씀하시기를

"착하도다. 하루밤이라도 쉬어가도록 하라." 하셨다.

그때의 일로 세상에서 그를 일숙각一宿覺이라 하였다. 뒤에 증도가證道歌를 지어서 세상에 널리 성행하게 하였다. 예종께서 시호하여 호號를 무상無相대사라 하였고 때로는 진각眞覺이라고도 불렀다.

선객 지황智隍선사가 처음 오조五祖를 참례하고는 스스로 이르기를

'이미 삼매를 증득하였다.' 하며 암자에서 20년 동안이나 장좌불와長坐不臥를 하였다.

그때 조사의 제자 현책玄策이 지방을 돌아다니다가 하삭河朔이라는 고장에 이르러 지황선사의 이름을 듣고 그 암자에 가서 묻기를

"선사께서는 여기서 무엇을 하십니까?" 하니

지황智隍선사가 말하기를

"정定에 듭니다." 하였다.

"선사께서 정定에 든다 하니 마음이 있이 듭니까? 마음이 없이 듭니까? 만일 마음이 없이 든다면 뜻이 없는 일체 초목과 돌과 기왓장도 마땅히 정定에 들어야 할 것이며, 만약 마음이 있이 든다면 모든 뜻이 있는 생물有情도 마땅히 정定을 얻어야 할 것이 아닙니까?" 하니

"내가 바로 정定에 들 때에는 '있다, 없다' 하는 마음이 있음을 보지 않습니다." 하였다.

"있다 없다 하는 마음을 보지 않는다면 이것은 항상 정定에 있는 것인데 어찌 출입出入이 있겠습니까? 만일 들어가고 나오는 출입이 있다면 곧 큰 정定이 아닙니다." 하자 지황이 대답을 못하고 한참을 있다가 묻기를

"선사의 스승은 누구입니까?" 하고 물었다. 그러자 현책이 대답하기를

"나의 스승은 조계의 육조六祖대사입니다." 하니

"육조대사는 무엇으로써 선정禪定을 삼으십니까?" 하고 물었다. 현책玄策이 대답하기를

"우리 스승께서 말씀하시는 선정은 묘하고 맑고 고요하고 뚜렷이 밝아서 체體와 용用이 여여如如하며, 색·수·상·행·식 오음五陰이 본래 공하고 색·성·향·미·촉·법 육진六塵이 있는 것이 아니라, 나아가는 것도 아니고 들어오는 것도 아니며, 정해짐도 아니고, 어지러짐도 아닙니다. 선禪의 성질은 머무름이 없으므로 고요함을 떠났으며, 선의 성질은 남生이 없으므로 선이라는 생각을 내는 것을 떠났습니다. 그러므로 마음이 허공과 같지만 또한 허공과 같다는 헤아림도 없다고 하셨습니다."

지황선사가 이 말을 듣고 즉시 조사를 찾아뵈었다. 조사께서 물으시기를

"인자仁者는 어찌 왔는가?"

하시니 지황이 지난번 현책선사와의 연유를 모두 말

씀드렸다.

그러자 조사께서 말씀하시기를

"진실로 현책玄策의 말과 같다. 너는 다만 마음을 허공같이 하되 비었다는 소견에 빠지지 말며, 따라서 응용應用하여 씀에 걸림없이 하되 움직임과 그침을 무심無心으로 하며, 범부니 성인이니 하는 생각을 없이하며, 능能=주관과 소所=객관를 모두 없이하여 성품과 형상이 여여如如하면 정定아닌 때가 없을 것이다." 하셨다.

지황이 여기서 크게 깨달으니 20년 동안 애써 얻은 바 마음이 도무지 그림자 조차 없었다. 그날 밤에 하북河北 사람들이 들으니 공중에서 소리가 나기를

"지황선사가 오늘에야 도를 얻었다." 하였다.

지황선사가 절하여 하직하고 다시 하북으로 돌아가서 사부대중을 교화하였다.

한 스님이 조사에게 묻기를

"황매黃梅=오조대사의 참 뜻을 어떤 사람이 얻었습니까?"

하니 조사께서 대답하시기를

"불법佛法을 아는 사람이 없었다." 하시니

스님이 다시 묻기를

"그럼 화상께서 얻으셨습니까?" 하니

조사께서 말씀하시기를

"나는 불법佛法을 알지 못한다." 하셨다.

조사께서 하루는 전해 받으신 법의法衣를 씻으려 하시는데 좋은 샘물이 없으므로 절 뒤로 5리쯤 가시니 산림이 울창한 숲속에 상서로운 기운이 감돌고 있음을 보시고 주장자를 떨쳐서 땅을 찍으니 샘물이 솟구쳐 못이 되었다. 조사께서는 무릎을 꿇으시고 돌 위에서 옷을 빨고 있었는데 홀연히 한 스님이 앞에 와서 절하며 여쭙기를

"저는 방변方辨이라는 서촉西蜀 사람입니다. 얼마 전에 남천축국南天竺國에서 달마대사를 뵈었더니, 저에게 말씀하기를

'속히 당나라로 가서 내가 전한 대가섭大迦葉의 정법안장正法眼藏과 승가리僧伽梨=부처님의 옷를 이어받은 조계의 육조를 친견하라.' 하시기에 제가 이렇게 멀리 와서 뵙습니다. 원컨대 그 의발을 보여 주소서." 하였다.

조사께서 옷을 내어 보이시고 물으시기를

"그대는 어떤 일을 해 왔는가?"

하시니 방변선사가 말하기를

"조각彫刻을 잘 합니다." 하였다.

조사께서 정색正色을 하시면서

"그러면 어디 내 모양을 한번 만들어 보아라."

하시니 방변이 망설이다가, 며칠 후에 조사의 초상肖像을 만들어 오니 높이가 일곱치인데 너무나 정밀하고 교묘하였다. 조사께서 웃으시면서

"너는 다만 조각하는 성질만 알고 부처의 성품은 모르는구나."

하시고 손을 펴서 방변의 이마를 어루 만지시면서 말씀하시기를

"영원히 천상과 인간의 복밭이 되어라." 하시었다.

한 스님이 와륜臥輪선사라는 이의 게송이라 하면서 외우기를

　　와륜은 재주가 있어서

백 가지 생각을 능히 끊었네.
경계를 대하여도 마음 일지 않고
날마다 나날이 보리가 자라네.

臥輪有伎倆 와륜유기량
能斷百思想 능단백사상
對境心不起 대경심불기
菩提日日長 보리일일장

하였다. 조사께서 들으시고 말씀하시기를 "이 게송은 아직 마음자리를 밝히지 못했으니 만약 이대로 행하면 얽매임만 더 하리라." 하시고 한 게송을 말씀하셨다.

혜능은 재간이 없어서
백 가지 생각을 끊지 않았네.
경계를 대하면 마음 자주 일어나니
보리가 어찌 자라겠는가.

慧能沒伎倆　혜능몰기량
不斷百思想　부단백사상
對境心數起　대경심삭기
菩提作麼長　보리자마장

제팔 돈점품
弟八 頓漸品

제팔 돈점품頓漸品

　육조대사께서 조계 보림寶林에 계실 때, 신수神秀대사는 형남刑南의 옥천사玉泉寺에 계셨다.
　그때에 두 종宗이 모두 다 활발하게 교화하였으므로 사람들은 남쪽에는 혜능慧能, 북쪽에는 신수神秀라고 말하였다. 그래서 남과 북의 두 종이 돈頓과 점漸으로 갈라졌는데, 배우는 사람들은 그 종宗의 근본취지를 몰랐으므로 조사께서 대중에게 말씀하시기를
　"법은 본래 한 종一宗이건만 사람이 남과 북을 둔 것이다. 또한 법은 곧 한 가지이지만 보는 견해에 따라 느리고 빠름이 있는 것이다. 무엇을 돈頓이라 하고 무엇을 점漸이라 하는가?
　법에는 돈과 점이 없지만 사람에게는 영리함과 둔함이 있으므로 돈과 점이라는 이름이 있는 것이다." 하셨다.
　그런데 북종北宗의 신수神秀의 대중들이 때때로 비방하

기를

"남종南宗의 혜능조사는 문자도 전혀 모르는 무식꾼인데 무엇이 그리 대단한 게 있겠는가?" 하는 것이었다. 그러나 신수대사는 그 제자들에게 말하기를

"그분은 스승이 없이도 얻은 지혜가 있어서 깊이 상승上乘의 법을 깨달았으니 나는 그 분만 못 하다. 또 우리 스승인 오조께서 친히 그에게 가사와 법을 전하셨으니 그것이 어찌 공연한 일이겠느냐? 내가 능히 가서 그와 가까이 못 하고, 헛되이 나라의 은혜만 받고 있는 것이 한스러우니 너희들은 될 수 있으면 이곳에만 머물러 있지 말고 조계曹溪의 육조문하에서 배우도록 하여라." 하였다.

하루는 신수대사가 그의 문인門人중의 한 사람인 지성至誠에게 명하기를

"너는 총명하고 지혜가 있으니 나를 위하여 조계에 가서 법을 듣고 잘 마음에 기억하였다가 돌아와서 나에게 말하여 달라." 하였다.

지성이 명을 받고 조계에 도착하여 대중을 따라서 참례하고 법문을 들었으며 온 곳을 말하지 않았다. 그때

조사께서 대중에게 말씀하시기를

"지금 이 법회에 법을 훔치러 온 사람이 있구나." 하시니

지성이 곧 나와서 절하고 그간의 모든 사실을 말씀드렸다. 그러자 조사께서 말씀하시기를

"네가 옥천玉泉에서 왔다면 필시 염탐꾼이겠구나." 하시니, 지성이 황급히 사뢰기를

"아닙니다." 하였다.

조사께서 다시 물으시기를

"어째서 아니라고 하느냐?" 하시니

"말씀드리기 전에는 그러하였습니다만 말씀드린 뒤에는 그렇지 않습니다." 하였다. 조사께서 지성에게 물으시기를

"너의 스승은 어떻게 대중에게 가르치시더냐?" 하시니

"항상 대중을 가르치시기를 '마음을 머물러 고요함을 살피어 보고, 부디 앉아서 정진하고 눕지 말라.' 하셨습니다." 하였다.

"마음을 머물러 고요함을 관觀함은 이것이 병이지 선禪

이 아니며, 마냥 앉아 있는 것은 몸을 구속하는 것이니 불법에 무슨 이익이 되겠느냐."
 나의 게송을 들어보아라.

> 살아 생전에는 앉아서 눕지 못하고
> 죽은 다음에는 누워서 앉지 못하네.
> 한 덩어리 냄새나는 송장덩이인데
> 어떻게 공과를 세울 수 있으랴.

> 生來坐不臥 생래좌불와
> 死去臥不坐 사거와부좌
> 一具臭骨頭 일구취골두
> 何爲立功謂 하위립공위

지성志誠이 듣고 다시 절하며 말씀드렸다.
"제자가 신수대사의 처소에서 도道를 배운지 9년이 되었으나 깨달음을 얻지 못하였는데 오늘에야 화상의 한 말씀을 듣고 문득 본 마음에 계합함을 얻었습니다. 제자에게 나고 죽는 생사의 일이 크오니 화상께서 큰 자비로

다시 한 번 가르쳐 주십시오."

조사께서 말씀하시기를

"들으니 너의 스승께서 학인들에게 계·정·혜戒定慧 삼학의 법을 가르친다 하니 너의 스승이 설하는 계정혜가 어떠한 것인지 내게 한 번 말해 보아라." 하셨다.

지성이 말씀드리기를

"신수대사의 말씀에 '모든 악을 짓지 않는 것이 계戒라 하고, 모든 선善을 받들어 행하는 것이 혜慧라 하며, 스스로 깨끗이 하는 것을 정定이라 이름한다.'라고 설하시는데 화상께서는 어떠한 법으로 사람을 지도하시는지 설하여 주십시오." 하였다.

조사께서 말씀하시기를

"내가 만약 법이 있어서 사람에게 준다 하면 그것은 곧 너를 속이는 것이니, 다만 경우를 따라 얽힌 것을 풀어 줄 뿐인데 거짓 이름假名을 빌려 삼매三昧라 할 뿐이다. 너의 스승이 말하는 계·정·혜는 실로 생각으로는 알 수 없으니 내가 보는 계·정·혜는 그런 것이 아니다." 하셨다.

지성이 다시 여쭙기를

"계와 정과 혜는 다만 한 가지인데 어찌 다를 수 있습니까?" 하니

조사께서 말씀하시기를

"너의 스승의 계·정·혜는 대승大乘의 사람을 상대하는 것이지만, 나의 계·정·혜는 최상승最上乘의 사람을 제접提接하는 것이다. 깨달아 아는 것이 같지 않으므로 지견知見이 또한 더디고 빠름이 있는 것이다. 너는 내가 말하는 것이 그와 같은지 다른지 보아라. 내가 말하는 법은 자성自性을 떠나지 않나니, 본체本體를 여의고 법을 설하는 것을 상相으로 설하는 것이라 하는데, 그것으로는 언제나 자성自性을 항상 미혹하게 한다. 마땅히 알아라. 일체의 만법이 모두 다 자성으로부터 일어나는 작용作用이니 이것이 바로 계·정·혜 법이다.

나의 게송을 들으라.

> 마음자리에 잘못없는 것이 자성계요,
> 마음자리에 어리석음 없는 것이 자성혜며
> 마음자리에 어지러움 없는 것이 자성정이요,
> 더하지도 덜하지도 않는 것이 자금강이며

몸이 가고 몸이 옴이 본래 삼매이니라.

心地無非自性戒 심지무비자성계
心地無癡自性慧 심지무치자성혜
心地無亂自性定 심지무란자성정
不增不減自金剛 부증불감자금강
身去身來本三昧 신거신래본삼매

지성志誠이 게송을 듣고 크게 뉘우쳐 감사하면서 한 게송을 바치었다.

오온의 헛깨비 몸이여
헛깨비가 어찌 구경이리요.
다시 진여로 나아가면
법이 도리어 청정하지 못하리라.

五蘊幻身 오온환신
幻何究竟 환하구경
廻趣眞如 회취진여

法還不淨 법환부정

　조사께서 "그렇다." 하시고 다시 지성에게 말씀하시기를

　"네 스승의 계·정·혜는 작은 근기의 지혜를 가진 사람에게 권하는 것이요, 내가 말하는 계·정·혜는 큰 근기의 지혜를 가진 사람에게 권하는 것이다. 만일 자기의 성품을 깨달으면 보리도 열반도 세우지 않으며, 또한 해탈지견解脫知見까지도 세우지 않아서 한 법도 가히 얻을 것이 없을 때에 바야흐로 만법萬法을 세울 수 있는 것이다.

　만일 이 뜻을 알면 이것이 곧 불신佛身이며, 또한 보리며 또한 열반이며 해탈지견이라 한다. 견성한 사람은 세워도 되고 세우지 않아도 되나니 가고 오는 것이 자유로워 막힘이 없고 걸림도 또한 없으며, 경우에 따라 작용을 하고 물음에 따라 대답하며 널리 화신化身을 나타내지만 자성을 여의지 않으므로 곧 자재한 신통과 유희삼매游戲三昧를 얻는 것이니 이것을 이름하여 견성見性이라 한다." 하셨다.

　지성志誠이 다시 조사께 여쭙기를

"어떤 것이 세우지 않는다는 뜻입니까?" 하니

조사께서 말씀하시기를

"자성은 그릇됨도 없고, 어리석음도 없고, 어지러움도 없어서 생각 생각이 반야般若로 비추어 보며, 항상 법상法相이라는 생각을 떠나서 자유자재하면 가로나 세로도 모두 통하는 것이니 무엇을 가히 세우겠느냐. 자성을 스스로 알아 바로 깨닫고 바로 닦으면 또한 점차漸次가 없으므로 일체 법을 세우지 않아서 모든 법이 적멸寂滅한데 어찌 순서가 있겠느냐?" 하시니

지성이 절하고 모시기를 원하여 조석으로 게을리 하지 않았다.

지철志徹스님은 강서江西 사람으로 본성은 장張씨이고 이름은 행창行昌인데 어려서부터 호방하고 의협심이 강한 사람이었다.

남북으로 두 종宗이 갈라진 뒤에도 두 종주宗主는 비록 네편, 내편을 가리지 않았으나 그 문도들은 서로 다투며 미워하였다.

그때에 북종北宗의 문인門人들이 신수대사를 자기들 마

음대로 제육조로 삼으려 했으나, 이미 혜능조사에게 의
법衣法을 전한 일이 천하에 알려짐을 꺼리어 행창行昌을
시켜 육조대사를 해하게 하였다.

그러나 조사께서는 타심통他心通으로 미리 그 일을 아
시고 금 열냥을 방석밑에 준비하여 놓아 두고 기다리셨
다. 그날 밤이 깊어지자 행창行昌이 조사의 방에 들어와
해치려 하자 조사께서 목을 숙이고 앉아 계셨다. 행창이
칼을 세번이나 힘껏 휘둘렀으나 조금도 베어지지 않았
다. 그때 조사께서 말씀하시기를

"바른 칼은 삿되지 않고, 삿된 칼은 바르지 않으니라.
내가 전생에 너에게 돈은 빚졌으나 목숨은 빚지지 않았
으니 어서 금이나 가져 가거라. 내 목은 너에게 줄 것이
아니다." 하시니

행창이 칼을 던지고 기절해 쓰러졌다가, 한참만에 깨
어나서 잘못을 뉘우치고 슬피 울면서 출가하기를 애원
하였으나, 조사께서 금을 주시면서 말씀하시기를

"너는 우선 이곳을 떠나거라. 대중들이 너를 도리어
해치려 할 것이니, 다른 날에 너의 모습을 바꾸어 오면
그때 내가 마땅히 너를 받아 주리라." 하셨다.

행창이 조사의 뜻을 받들고 그 밤에 달아났다가 다른 곳에 가서 스승을 정하고 출가하였다. 그는 계행戒行을 갖춰서 정진하다가, 어느날 문득 조사께서 말씀하신 것을 생각하고 멀리서 찾아와 절하고 친견하니, 조사께서 말씀하시기를

"내가 너를 오랫동안 생각하고 있었는데 어찌 이리도 늦었느냐?" 하셨다

"예전에 화상께서 소인의 죄를 용서하여 주신 뒤로 이렇게 비록 출가하여 고행하고 있으나 화상의 크신 은혜 갚을 길이 없습니다. 은덕을 보답하는 길은 오직 법을 알아서 중생을 건지는 것이라고 생각합니다."

행창行昌이 또 여쭙기를

"제자가 일찍이 열반경을 독송하였으나 상常과 무상無常의 뜻을 깨닫지 못하겠습니다. 간절히 원하오니 화상께서 자비로 가르쳐 주십시요." 하였다.

조사께서 말씀하시기를

"덧없음無常이란 곧 불성佛性이요, 떳떳함有常이란 곧 일체 선과 악의 모든 법을 분별하는 마음이다." 하시니

행창이 다시 여쭙기를

"화상께서 말씀하시는 것은 경문經文과 크게 다르옵니다." 하였다.

조사께서 말씀하셨다.

"내가 부처님의 심인心印을 받았거늘 어찌 불경과 다르겠느냐?"

그러자 행창이 말하기를

"경에서는 불성이 곧 떳떳함常이라 하였는데 화상께서는 도리어 덧없음無常이라 말씀하시며, 선과 악의 모든 법과 보리심까지도 덧없음無常인데, 화상께서는 도리어 떳떳함常이라 말씀하십니다. 이렇게 서로 틀리고 보면 학인學人으로 하여금 점점 의혹만 더하게 합니다." 하므로

조사께서 말씀하셨다.

"열반경은 전에 내가 무진장 비구니가 독송하는 것을 한번 듣고 바로 그에게 설명해 준 일이 있는데, 한 글자, 한 뜻도 경문에 맞지 않는 것이 없었다. 이제 너에게 말하는 것도 역시 마찬가지이다."

행창이 다시 여쭙기를

"학인學人이 아는 게 없고 소견이 어두워서 모르겠사

오니, 화상께서는 좀 더 자세히 가르쳐 주십시오." 하였다.

조사께서 말씀하시기를

"너는 아느냐? 불성이 만약 떳떳함常이라면 다시 어떻게 선과 악의 모든 법을 설하며, 또 한량없는 세월이 다 하더라도 한 사람도 보리심을 일으킬 사람이 없을 것이다. 그러므로 내가 덧없음無常이라 말하는 것은 부처님께서 말씀하신 참된 떳떳함眞常의 도리이다.

또 일체의 모든 법이 만일 덧없음無常이라 한다면 즉 물건마다 모두 자기의 성품이 있어서 생生과 사死를 받아들이므로 참된 상常의 성품이 두루 하지 못하는 곳이 있을 것이니, 그러므로 내가 말하는 떳떳함常이란 바로 이 부처님께서 말씀하신 참 덧없음無常의 뜻이다.

다시 말하면 부처님께서 저 범부 외도들이 삿된 상常에 빠지고 모든 성문과 연각 등 이승二乘의 사람들은 상常을 무상無常으로 알아서 다 함께 여덟 가지 뒤집힌 팔도八倒를 이루기 때문에, 열반요의교了義教를 가르치는 가운데 그들의 치우친 소견을 없애기 위하여 참 떳떳함眞常과 참 즐거움眞樂과 참 나眞我와 참 깨끗함眞淨을 밝혀 말씀 하셨는데, 네가 이제 말만 의지하고 뜻을 등져서 아주 끊어져 없는 무상無常과 확정된 상常으로써 부처님의 불가사의한 최후의 미묘한 말씀을 잘 못 이해하니 비록 천 번을 읽은들 무슨 이익이 있겠느냐?" 하시니
 행창이 홀연히 크게 깨닫고 게송을 바쳤다.

 덧없음을 지키는 마음때문에
 부처님이 유상의 성품을 설하셨는데
 이것이 방편임을 알지 못하면
 연못 속의 조약돌을 줍는 것 같네.

 因守無常心 인수무상심
 佛說有常性 불설유상성
 不知方便者 부지방편자
 猶春池捨礫 유춘지사력

 내가 이제 아무런 공도 들이지 않았는데
 불성이 바로 눈앞에 나타남이여
 스승께서 주신 것도 아닌 것이니

나도 또한 얻은 바가 없음이로다.

我今不施功 아금불시공
佛性而現前 불성이현전
非師相授與 비사상수여
我亦無所得 아역무소득

조사께서 말씀하시기를
"네가 이제는 투철透徹하니 마땅히 이름을 지철志徹이라 하여라." 하시니
지철이 감사의 인사를 드리고 물러갔다.

한 동자가 있었는데 이름은 신회神會이고 양양襄陽의 고씨의 자손이었다. 나이 열 세살에 옥천사로부터 와서 조사께 참배하니 조사께서 말씀하시기를
"선지식先知識아, 멀리서 오느라고 고생이 많았구나. 너는 도리어 근본을 얻어 가지고 왔느냐? 만일 근본이 있다면 당연히 주인공主人公을 알 것이니 어디 한번 말하여 보라." 하시니

신회神會가 말하기를

"머물음이 없는 것無住으로 근본을 삼으니 보는 것이 곧 주인공입니다." 하므로

조사께서 말씀하시기를

"사미沙彌야, 그 다음 말을 할 수 있겠느냐?" 하시니

신회가 조사께 다시 묻기를

"화상께서는 좌선하실 때 도리어 보십니까, 보시지 않으십니까?" 하고 물었다.

조사께서 주장자로 세 번 때리시고 물으시기를

"내가 너를 때렸는데 아프냐? 아프지 않느냐?" 하시니

신회가 대답하기를

"아프기도 하고 또한 아프지 않기도 합니다." 하였다.

그러자 조사께서 말씀하시기를,

"나도 또한 보기도 하고 보지 않기도 하느니라." 하시니

신회가 묻기를

"어떤 것이 보기도 하고 또한 보지 않기도 합니까?" 하니

조사가 말씀하셨다.

"내가 보는 것은 항상 자기 마음의 허물만 보는 것이지 남의 옳고 그름과 좋고 나쁨을 보지 않는다. 그러므로 이것이 보기도 하고 보지 않기도 하는 것이다. 네가 말한 아프기도 하고 또한 아프지 않기도 하다하는 것은 어떠한 것이냐? 만약 네가 아프지 않다면 나무나 돌과 같은 것이요, 만일 아프다면 곧 범부와 같아서 진심과 원한이 일어날 것이니, 네가 보거나 보지 않는다는 것은 곧 두 가지 변=邊이 있는 것이다. 또한 아프거나 아프지 않다고 하는 것은 생과 멸이니, 네가 자성을 아직 보지 못하였으면서 감히 사람을 희롱하느냐?" 하시니

신회가 절하면서 잘못을 참회하였다.

조사께서 또 말씀하시기를

"네가 만일 마음이 어두워서 보지 못하였거든 선지식을 찾아 물어서 길을 찾을 것이요, 만약 마음이 열려서 스스로 성품을 보았다면 법대로 닦아야 할 것인데, 너는 스스로 미혹하여 자기의 마음을 보지 못하였으면서도 도리어 나에게 와서 나의 보고 보지 않음을 물으니, 내가 보는 것은 스스로 내가 아는데, 어찌 너의 미혹함을

대신하겠느냐? 그런데도 너는 스스로 알려고 하지 않고 나에게 보고, 보지 않음을 묻느냐?" 하시니

신회가 다시 백여 번이나 절하면서 허물을 사죄하였다. 그리고 조사를 부지런히 모시어 옆을 떠나지 않았다.

조사께서 하루는 대중에게 말씀하시기를

"나에게 한 물건이 있는데 머리도 꼬리도 없고, 이름도 글자도 없으며, 등도 없고, 앞도 없는 것이다. 대중들은 알겠느냐?" 하시니

신회가 나와서 대답하기를

"이것은 모든 부처님의 본원本源이며 신회神會의 불성입니다." 하였다.

조사께서 말씀하시기를

"내가 너에게 이름도 없고, 글자도 없다 하였는데, 너는 어찌하여 본원本源이니 불성佛性이니 하여 이름을 붙이느냐? 너는 앞으로 어떠한 출세를 하더라도 다만 한낱 지해종도知解宗徒밖에 되지 않겠구나." 하셨다.

조사께서 열반에 드신 후에 신회가 수도首都에 들어가 크게 조계의 돈교頓教를 펴고 현종기顯宗記를 지어서 세상에 널리 유포시켰다.

조사께서 여러 종파들이 서로 힐난하여 모두가 악한 마음을 내면서 좌하座下에 모여드는 것을 보시고 불쌍히 여겨 말씀하시기를

"도를 배우는 사람은 마땅히 선한 생각과 악한 생각을 없애야 한다. 또한 무엇이라 이름할 것이 없어야 자성의 둘 아닌 성품이라 이름하는 것이며, 이것을 이름하여 실다운 성품實性이라 한다. 이 실성實性위에 일체의 교문教門을 세운 것이니 말씀 아래言下에 문득 스스로 보아야 한다." 하시니

모든 사람이 이 말씀을 듣고 모두 절하면서 스승으로 섬길 것을 청하였다.

제구 선조품
弟九宣詔品

제구 선조품宣詔品

신룡원년神龍 정월 보름날에 측천則天=고종황후과 중종 황제가 조서詔書를 보내며 이르기를

"짐朕이 혜안慧安국사와 신수神秀대사를 청하여 궁중에서 공양올리고 나라의 정사를 보살피는 여가에 언제나 일승一乘의 진리를 배우려 하였더니 두 스승이 미루어 사양하기를 '남방에 혜능선사가 있어 조용히 오조 홍인弘忍대사의 의법衣法과 부처님의 심인心印을 전해 받고 불법을 전하고 계시니 그를 청하여 법을 물으라.' 하기에 이제 내시內侍인 설간薛簡을 보내어 조서를 전달하고 청하여 모시고자 하오니 원하옵건대 조사께서는 자비하신 마음으로 속히 서울로 올라오시기 바랍니다."

그러나 조사께서는 몸이 아프다는 글을 올려 사양하시고 산간 숲 속에서 여생을 마치기를 원하였다. 그러자 내시內侍인 설간이 여쭙기를

"경성京城의 선덕禪德들이 모두 말하기를 '도를 알고자 하면 반드시 좌선해서 정定을 익혀야 한다. 만일 선정禪定을 하지 않고 해탈을 얻는다는 것은 있을 수 없다.' 하시던데 조사께서 설하시는 법은 어떠하옵니까?" 하였다.

조사께서 말씀하시기를

"도道란 마음으로 깨닫는 것이니 어찌 앉는 데 있겠습니까. 금강경에 말씀하시기를 '만일 여래如來를 말하여 앉는다거나 눕는다고 말한다면 이것은 사도邪道를 행하는 것이다. 왜냐하면 어디로부터 온 바도 없으며 또한 가는 바도 없기 때문이다.' 하셨습니다. 생生도 없고 멸滅도 없는 것이 여래의 청정한 선禪이며, 모든 법이 비어空서 고요함이 여래의 청정한 좌坐이며 마침내 증득할 것이 없는데 어찌 하물며 앉는 데 있겠습니까?" 하였다.

설간이 또 여쭙기를

"제자가 경성으로 돌아가면 주상主上께서 반드시 물으실 것이오니 원컨대 조사께서는 자비를 베푸시어 심요心要를 가르쳐 주소서. 소인이 측천황후와 중종황제께 아뢰고 또 경성에서 도道를 배우는 사람에게 전하여서 마치 한 개의 등불이 백천 등을 불 붙이듯이 어두운 것을 다 밝게 하고 그 밝음이 다함이 없도록 하겠습니다." 하였다.

조사께서 말씀하시기를

"도道에는 밝고 어둠이 없습니다. 밝음과 어두움은 이것이 서로 대사代謝한다는 뜻입니다. 밝고 밝음이 다함이 없다는 것도 또한 다함이 있는 것이니 서로 상대하여 세운 이름이기 때문입니다. 정명경淨名經에 말씀하시기를

'법은 견줄데가 없나니 상대가 없기 때문이다.' 라고 하셨습니다.

설간이 또 여쭙기를

"밝음은 지혜에 비유하고 어둠은 번뇌에 비유한 것이니 도를 닦는 사람이 만일 지혜로써 번뇌를 비추어 없애지 아니하면 비롯함이 없는 생사를 어떻게 벗어나겠습니까?" 하니 조사께서 말씀하셨다.

"번뇌가 곧 이 보리이니 번뇌와 보리가 둘이 아니고 다른 것이 아닙니다. 만약 지혜로써 번뇌를 비추어 없이 한다면 이것은 이승二乘의 견해이고 양羊과 사슴鹿 등의 근기이지, 높은 지혜의 대근기는 이러하지 않습니다."

하셨다.

내시 설간이 또 여쭙기를

"어떤 것이 대승의 견해입니까?" 하니

"밝음明과 어둠無明을 범부는 둘로 보지만 지혜로운 사람은 그 성품이 둘이 아닌 것으로 봅니다. 둘 아닌 성품이 곧 이 실다운 성품實性이며 실다운 성품은 어리석은 범부에게 있어서도 줄지 않고 현명한 성현에게 있어서도 늘지 않으며 번뇌에 머물지라도 어지럽지 않고, 선정禪定에 들지라도 고요하지 않으며, 끊어지지도 않고, 항상 하지도 않으며, 오는 것도 아니고, 가는 것도 아니며, 안과 밖에 있는 것도 아니며, 또한 그 중간에 있는 것도 아니며, 나지도 않고 없어지지도 않아 성품과 모습相이 여여如如하여 항상 머물러 변화하지 않는 것을 도道라고 이름합니다." 하셨다.

또 설간이 여쭙기를

"조사께서 말씀하시는 '생도 아니요不生 멸도 아니라不滅.' 하는 것은 외도들의 말과 어떻게 다릅니까?" 하니

"외도外道가 말하는 불생불멸은 멸滅을 가지고 생生을 막으며, 생生을 가지고 멸滅을 나타내는 것이므로, 멸이

라는 것이 불멸과 같으며 생^{生} 또한 불생^{不生}이라 말하지만 내가 말하는 생은 본래부터 없으므로 멸^{滅} 또한 없는 것입니다. 그러므로 외도와는 같지 않습니다.

만일 그대가 궁극적인 심요^{心要}를 알고자 하면 모든 선과 악을 분별하는 생각을 버리면, 자연히 청정한 마음의 본 바탕에 들어가게 되어 맑고 고요한 묘한 작용이 항하의 모래수와 같이 한량없을 것입니다." 하셨다.

설간이 가르침을 받아 크게 깨닫고 절하여 하직한 후 대궐로 돌아가서 조사의 말씀을 글로 적어 올렸다.

그해 9월 3일에 조사께 감사하는 조서^{詔書}가 있었다.

"조사께서는 늙고 병들었다고 사양하시며 짐^{朕}을 위하여 도를 닦게 하시니 나라의 큰 복전^{福田}입니다. 조사께서는 마치 유마거사가 비야리성에서 병을 칭탁^{稱託}하고 대승을 크게 드날림과 같이, 모든 부처님의 마음을 전하시고 둘이 아닌 법을 말씀하십니다.

또한 설간으로부터 조사께서 가르쳐 주신 여래의 지견^{知見}을 전해 들으니 이것은 오직 이 선^{善}을 쌓은 보람이며, 숙세에 선근을 심은 인연으로 조사께서 세상에 출현하심을 만나 지고至高한 대승법을 깨달았사오니 조사님의 은혜에 감사하며 마지 않습니다." 하였다.

  이 조서詔書와 아울러 마납가사磨衲袈裟와 수정발우를 바치고 소주자사에게 명하여 조사께서 계시던 도량을 장엄하게 보수하고 국은사國恩寺라는 이름을 내리셨다.

제십 부촉품
弟十付囑品

제십 부촉품付囑品

조사께서 어느날 문인인 법해法海와 지성志誠과 법달法達과 신회神會와 지상智常과 지통智通과 지철志徹과 지도志道와 법진法珍과 법여法如 등 여러 제자들을 불러 놓고 말씀하시기를

"너희들은 다른 사람들의 모범이 되므로 내가 입멸한 후에는 각자 한 지역의 스승이 될 것이다. 그러므로 이제 너희들에게 법을 설하는 것을 가르쳐서 근본 종지宗旨를 잃지 않게 하겠다.

먼저 일체 제법諸法을 3종으로 나눈 삼과三科의 법문에 의거하여 움직이고 작용하는 서른 여섯가지의 상대를 들 것이다. 나오고 들어감出沒에 곧 양변兩邊을 여의고 일체 법이 자기의 성품을 떠나지 않았음을 설하려 한다.

어떤 사람들이 너희에게 불법을 묻거든 언어言語를 모두 쌍으로 하고 상대법相對法을 들어서 서로 오고 감을 원

인으로 할 것이며, 구경에는 두 법까지도 모두 없애어 다시 갈 곳이 없게 하여라.

삼과三科 법문이라는 것은 음陰과 계界와 입入을 말한다. 먼저 음은 곧 오음五陰으로 색色·수受·상想·행行·식識이다. 입入은 십이입十二入으로 객관인 육진六塵, 곧 색色·성聲·향香·미味·촉觸·법法과 안內의 육문六門인 안眼·이耳·비鼻·설舌·신身·의意가 이것이다.

계界는 십팔계十八界로 육진六塵과 육문六門과 육식六識이 이것이다.

자성自性은 능히 만법萬法을 품고 있으므로 함장식含藏識이라 이름하는데 만약 사량思量을 일으키면 곧 의식을 굴리는 것이다.

육식六識을 내어生 육문六門을 나와出 육진六塵을 보게見 되나니 이와같이 십팔계十八界가 모두 자기의 성품으로부터 일어나므로 자기의 성품이 만일 삿邪되면 열여덟가지 사邪가 일어나고 자성이 만일 바르면 열 여덟가지 정正이 일어나게 된다.

그러므로 만일 나쁘게 쓰면 곧 중생의 씀用이고, 좋게 쓰면 부처의 씀用이 되는 것이다.

그럼 작용用은 무엇을 근거로 하여 이루어 지겠느냐? 그것은 자기의 성품으로 인하여 상대법相對法이 있는 것이다. 외부 경계外境인 물질세계에는 다섯 가지 상대가 있으니 하늘과 땅이 상대고, 해와 달이 상대며, 밝음과 어두움이 상대고, 음과 양이 상대며, 물과 불이 상대니, 이것을 다섯가지 상대라고 한다.

또한 일체 모든 법의 본성法相을 나타내는 말에는 열두 가지의 상대가 있으니, 말과 법이 상대이고, 유有와 무無가 상대며, 빛깔色과 빛깔 없음無色이 상대고, 모양相과 모양 아닌無相 것이 상대며, 번뇌有漏와 번뇌없음無漏이 상대고, 물질色과 공空이 상대며, 움직임動과 고요함靜이 상대고, 맑음淸과 흐림濁이 상대며, 범부와 성인이 상대고, 승僧과 속俗이 상대며, 늙음과 젊음이 상대고, 큰 것과 작은 것이 상대니 이것을 열두 가지의 상대라 한다.

자기의 성품이 작용用을 일으키는 데는 열 아홉 가지의 상대가 있으니, 긴 것과 짧은 것이 상대고, 삿된 것과 바른 것이 상대며, 우치한 것과 지혜로운 것이 상대고, 모르는 것과 아는 것이 상대며, 혼란한 것과 고요한 것이 상대고, 자비로운 것과 혹독한 것이 상대며, 죄를 범하지 않는 계와 그릇됨이 상대고, 곧은 것과 굽은 것이 상대며, 실다운 것과 헛됨이 상대고, 험한 것과 평탄한 것이 상대며, 번뇌와 보리가 상대고, 항상함常과 덧없음無常이 상대며, 가엾이 여기는 것과 해치는 것이 상대고, 환희하는 것과 성내는 것이 상대며, 주는 것과 인색한 것이 상대고, 앞으로 나가는 것과 뒤로 물러나는 것이 상대며, 생겨나는生 것과 없어지는死 것이 상대고, 법신法身과 색신色身이 상대며, 화신化身과 보신報身이 상대니 이것을 곧 열아홉 가지의 상대라 한다." 하셨다.

또 조사께서 말씀하시기를

"이 서른 여섯 가지의 상대법을 쓸 줄 안다면 곧 도道가 모든 경법經法에 투철하여 출입함에 양변兩邊을 여의어서 자기의 성품을 쓰는 것과 사람과 더불어 말함에 있어 밖으로는 상相에 대하여 상相을 여의고 안으로는 공空에 대하여 공을 여읜다.

만일 상相에 집착하면 곧 삿된 견해를 자라게 하고 공空에 집착하면 곧 무명을 키우게 된다.

공空에 집착하는 사람은 부처님의 말씀을 비방하여 문자를 쓰지 않는다고 하는데 문자를 쓰지 않는 사람은 다른 사람에게 말을 하는 것도 부당하게 생각한다. 그러나 이런 말은 다만 문자의 모습相일 뿐이다."

조사께서 또 말씀하시기를

"도道는 문자를 세우지 않는다不立文字 말하지만 이 세우지 않는다는 두 글자 역시 문자인 것이다. 다른 사람이 말하는 것을 보고 그를 비방하기를 '문자에 집착한다' 하지만 너희들은 마땅히 알아라. 자기 스스로 미혹함은 오히려 옳지만 부처님의 말씀인 경전까지 비방한다면 잘못된 일이니 절대 경을 비방하지 말아라. 만약 불경을 비방한다면 그 죄업이 헤아릴 수 없이 많음을 알아야 한다.

만약 외부의 모습相에 집착하여 법을 만들어 진리를 구하거나 혹은 도량을 넓게 세워서 있고 없는 유무有無의 허물과 근심을 말한다면 이런 사람은 수 많은 겁이 지나더라도 성품을 보지 못할 것이니 다만 법을 듣고 법을 의지하여 수행하여라. 또한 백가지 물질을 생각하지 않는 것이 수행이라 하였으니 도道의 성품을 막지 말아라.

만일 설법을 듣고도 수행하지 아니하면 사람으로 하여금 도리어 삿된 생각을 내게 하나니 모름지기 법을 의

지하여 수행할 것이며, 상相에 머무름 없이 법을 베풀어야 한다.

너희가 만약 깨닫고 이것을 의지하여 말하고, 이것을 의지하여 작용하며, 이것을 의지하여 행하고, 이것을 의지하여 짓는다면 곧 근본 종지宗旨를 잃지 않을 것이다.

만약 어떤 사람이 너희에게 뜻을 물을 때 유有를 물으면 무無로써 대답하고, 무無를 물으면 유有로써 대답하며, 범凡을 물으면 성聖으로써 대답하고, 성聖을 물으면 범凡으로 대답하여 두가지 도道가 서로 인因이 되어 중도中道의 뜻이 나게 할 것이며, 한 번 물으면 한 번 대답하고 나머지를 물으면 한결같이 이렇게 대답하라. 그러면 이치를 잃지 않을 것이다.

예컨대 어떤 사람이 '무엇을 어두움이라고 합니까?' 하고 묻는다면 밝음이 인因이고, 어두움이 연緣이 되어 밝음明이 없어지면 곧 어두움暗이다' 라고 대답하여라.

명明으로써 암暗을 나타내고, 암暗으로써 명明을 나타내는 것이며, 오고 가는 것이 서로 원인이 되어 중도中道의 뜻을 이루는 것이다. 나머지 물음에도 이와 같이 하여라. 너희들이 이후에 법을 전할 때에도 이것을 의지하여

서로 바꾸어 가르쳐서 종지宗旨를 잃지 않도록 하라."

　조사께서 태극 원년 임자년 7월 어느 날 문인에게 명하시어 신주의 국은사國恩寺에 가서 탑을 건립하도록 하시고 일하는 인부들을 격려하고 재촉하여 다음 해 늦여름에 낙성하게 하셨다.
　그리고 7월 1일에 문도들을 모아놓고 말씀하시기를
　"내가 8월이 되면 세상을 떠나려고 하니, 너희들은 의심나는 것이 있거든 지체하지 말고 물어라. 너희들의 의심을 풀어 주겠다. 내가 만일 세상을 떠난 뒤에는 너희들을 가르칠 사람이 없을 것이다." 하셨다.
　법해法海등이 스승의 말씀을 듣고 모두 눈물을 흘리며 슬퍼 우는데 오직 신회神會만이 마음을 움직이지 않고 또한 울지도 않으므로 조사께서 말씀하시기를
　"신회神會만이 선善이니 불선不善이니 하는 평등함을 얻었으며, 남이 헐뜯거나 칭찬하는 것에 마음이 움직이지 않음을 얻었으며, 슬픔이나 즐거움을 내지 않는 마음을 얻었을 뿐이고, 다른 사람들은 모두 그렇지 못하니 몇년씩 산중에 있으면서 무슨 도를 닦았느냐? 너희들이 지

금 슬피우는 것은 누구를 근심하여 우는 것이냐? 만일 내가 가는 곳을 알지 못하여 근심하는 것이라면 내가 이미 스스로 갈 곳을 알고 있으니 걱정하지 말라.

만약 내가 나의 갈 곳을 알지 못한다면 어찌 너희들에게 이렇게 미리 말할 수 있겠느냐. 너희들이 슬피 우는 것은 아마 나의 갈 곳을 모르기 때문인 듯 하구나. 그러니 나의 가는 곳을 안다면 울것이 없다.

법의 성품은 본래 나고 죽고 가고 옴이 없는 것이니, 너희들은 모두 앉아라. 내가 너희들에게 한 게송을 설하겠다.

이름은 진가동정게眞假動靜偈라 하는데, 너희들이 이 게송을 외우고 지니면 내 뜻과 같을 것이요, 이것을 의지하여 그대로 닦아 나가면 종지宗旨를 잃지 않을 것이다."
하시고

게송을 설하시었다.

    일체에 참다움 없으니
    참이라고 보지 말라.
    만일 참이라고 보는 자는

그 소견이 참되지 못하니라.

一切無有眞　일체무유진
不以見於眞　불이견어진
若見於眞者　약견어진자
是見盡非眞　시견진비진

만일 정말로 참이 있다면
거짓없는 참 마음뿐이니
자기 마음에 거짓을 둔다면
참은 없나니 어디에 참이겠느냐.

若能自有眞　약능자유진
離假卽心眞　이가즉심진
自心不離假　자심불이가
無眞何處眞　무진하처진

뜻 있는 것은 곧 움직이고
뜻 없는 것은 못 움직이나니

만일 움직임 없는 행 닦는다면
뜻 없는 것 되고 말 것이니

有情卽解動　유정즉해동
無情卽不動　무정즉부동
若修不動行　약수부동행
同無情不動　동무정부동

참으로 움직이지 않음 찾으려면
움직임 위에 안 움직임이니
움직임 없는 안 움직임이라면
무정은 부처 될 종자도 없네.

若覓眞不動　약멱진부동
動上有不動　동상유부동
不動是不動　부동시부동
無情無佛種　무정무불종

능히 모든 상을 잘 분별하되

제일의에 움직이지 말아라.
다만 이렇게 소견을 지으면
이것이 곧 진여의 작용이니

能善分別相 능선분별상
第一義不動 제일의부동
但作如此見 단작여차견
卽是眞如用 즉시진여용

도를 배우는 사람들이여,
이 점에 힘써 주의하여서
도리어 저 대승의 문에서
지혜로 생사의 지견에 걸리지 말라.

報諸學道人 보제학도인
努力須用意 노력수용의
莫於大乘門 막어대승문
却執生死智 각집생사지

만일 언하에 서로 응하면
곧 불법을 함께 논하려니와
만일 아직도 모르겠거든
기쁘게 합장하고 따라 오너라.

若言下相應 약언하상응
卽共論佛義 즉공론불의
若實不相應 약실불상응
合掌令歡喜 합장령환희

이 종은 본래 다툼이 없나니
다투면 곧 도와는 등지리라.
법문에 거슬러 다투고 보면
자성이 생사에 들어가리라.

此宗本無諍 차종본무쟁
諍卽失道義 쟁즉실도의
執逆諍法門 집역쟁법문
自性入生死 자성입생사

그때 대중들이 조사께서 말씀하신 게송을 듣고 모두 절하였고 바로 조사의 뜻을 알아 각각 마음을 다잡고 법에 의지하여 수행하며 다시는 다투는 일이 없었다.

조사께서 세상에 오래 머물지 않으실 것을 알고 법해法海상좌가 다시 절하며 여쭙기를

"스승께서 입멸하신 뒤에 가사와 법은 마땅히 어떤 사람에게 전하시겠습니까?" 하니

조사께서 말씀하시기를

"내가 대범사大梵寺에서부터 지금까지 설법한 것을 기록하여 세상에 유통流通하게 하였으니 제목이 법보단경法寶壇經이다. 너희들은 이것을 서로 전하여서 모든 중생들을 제도하여라. 다만 이처럼 하면 이것이 정법正法이다.

이제 너희들을 위해 법을 설하고 그 옷은 전하지 않을 것이다. 다행히 너희들이 믿음의 근기가 순박하고 무루 익어 의심할 것이 없으며, 큰 일을 맡길만 하기 때문이다. 그리고 초조이신 달마대사께서 부촉하여 주신 게송의 뜻에 의거하여 그 가사는 전하지 않을 것이다."

하시며 게송을 말씀하셨다.

내 본래 이 땅에 온 것은
법 전하여 중생제도함일세.
한 꽃에 다섯 잎이 벌어지니
열매가 스스로 맺으리라.

吾本來茲土　오본래자토
傳法救迷情　전법구미정
一花開五葉　일화개오엽
結果自然成　결과자연성

조사께서 다시 말씀하시기를

"모든 선지식이여, 너희들은 모두 마음을 깨끗이 하고 나의 설법을 들어라. 만일 모든 부처님의 근본 지혜를 성취하려면 마땅히 일상삼매一相三昧와 일행삼매一行三昧를 통달해야만 한다.

만일 언제 어디서나 상相에 집착하지 않고, 그 상相 가운데 있으면서 미워하거나 좋아하는 생각을 내지 말것이며, 또한 취取하거나 버리지 아니하며, 이익과 손해 또는 성공과 실패 등을 생각하지 말 것이며, 편안하고 고요히 하여 허공과 같이 비어 통하고 욕심없는 깨끗한 마음을 가지면 이것이 일상삼매一相三昧라 이름한다.

만약 모든 경우에 있어서 가고行, 머물고住, 앉고坐, 누움臥에 순수한 곧은 마음으로 도량道場에서 움직이지 않고 참으로 정토를 이루면 이것을 이름하여 일행삼매一行三昧라 하나니 이 두 삼매를 갖추면 마치 땅에 종자가 떨어져 싹이 트고 자라나서 열매를 맺는 것과 같다.

내가 이제 법을 설하는 것은 비가 내려 대지를 윤택하게 함과 같고 너희들의 불성은 비유하면 모든 씨앗이 단비를 만나서 흠뻑 젖게 될 때에 싹이 트고 움이 돋아나는 것과 같은 것이다. 나의 뜻을 받드는 사람은 반드시 깨달음을 얻을 것이며 나의 행을 의지하는 사람은 반드시 묘한 과보를 얻을 것이다." 나의 게송을 들어라.

> 마음땅이 머금은 부처의 씨앗은
> 널리 법비 내리면 모든 싹 트리라.
> 몰록 돈오라는 꽃이 지고 나면
> 보리의 열매 저절로 이루리라.

心地含諸種　심지함제종
　　普雨悉皆萌　보우실개맹
　　頓悟花情已　돈오화정이
　　菩提果自成　보리과자성

　조사께서 게송을 설하시고 말씀하시기를
　"그 법은 둘이 없으니 그 마음 또한 그러하다. 그 도道가 청정하여 또한 모든 상相이 없으니 너희들은 간절히 고요함을 관觀하려 하지 말고 그 마음을 비우려 하지 말아라. 이 마음은 본래 청정하여 가히 취하고 버릴 것이 없으니 각각 스스로 노력하여 인연을 따라 잘들 가거라." 하시니
　대중들이 절하고 물러갔다.
　조사께서 7월 8일에 갑자기 문인門人들에게 말씀하시기를
　"내가 신주新州로 돌아가고자 하니 너희들은 배와 노를 준비해 놓아라." 하시니
　대중이 슬퍼하며 더 계시기를 간곡히 애원하므로 조사께서 다시 말씀하시기를

"모든 부처님이 출현하신 것은 오로지 열반을 보이기 위함이니 오는 것이 있으면 반드시 가는 것이 당연한 이치이다. 그러므로 나의 이 몸뚱이도 반드시 돌아갈 곳이 있는 것이다."

하셨다. 대중이 여쭙기를

"조사께서 이제 가시면 언제 다시 돌아오십니까?" 하니 조사께서 말씀하시기를

"잎이 떨어지면 뿌리로 돌아가는 것이니 올 때를 말로 할 수 없는 것이다." 하셨다.

"깨달음의 진실인 정법안장正法眼藏은 누구에게 전하십니까?" 하니

"도道있는 사람이 얻을 것이고 마음 없는 사람無心者에게 통할 것이다." 하셨다.

"뒤에 무슨 어려움은 없겠습니까?" 하니

"내가 세상을 떠난 뒤 5~6년 후에 어떤 사람이 와서 내 머리를 가지러 올 것이니 나의 예언을 들어라.

> 머리를 받들어 공양하려고
> 입속에 먹을 것을 구하는

장정만의 난을 만날 때
양과 유가 관이 되리라.

　　頭上養親 두상양친
　　口裏須餐 구리수찬
　　遇滿之難 우만지난
　　楊柳爲官 양유위관

또 말씀하시기를

"내가 세상을 떠난뒤 70년이 되면 두 보살이 동방으로부터 오는데 한 사람은 출가한 사람이고 또 한 사람은 재가在家 수행자인데 동시에 크게 교화하여 나의 종宗을 크게 세우고 가람도 함께 세워 법을 일으켜 이어갈 것이다.

대중이 또 여쭙기를

"위로부터 부처님과 조사께서 중생의 근기를 맞추어 모습을 나타내신 이래로 법을 전해 내려옴이 몇대나 되는지 가르쳐 주십시오." 하니

"옛 부처님이 세상에 나오신 것은 이미 헤아릴 수 없

으나, 이제 7불七佛로부터 시작하겠다.

과거 장엄겁莊嚴劫에는 비바시불毘婆尸佛과 시기불尸棄佛과 비사부불毘舍浮佛이 계셨으며, 지금 현겁賢劫에는 구류손불拘留孫佛과 구나함모니불拘那含牟尼佛과 가섭불迦葉佛과 석가모니불釋迦牟尼佛 등 이렇게 7불이 계셨다.

석가모니불께서는 처음 마하가섭존자에게 전하셨다.

제1 마하가섭존자摩訶迦葉尊者
제2 아난존자阿難尊者
제3 상나화수존자常那和修尊者
제4 우바국다존자優婆毱多尊者
제5 제다가존자提多迦尊者
제6 미차가존자彌遮迦尊者
제7 바수밀다존자婆須密多尊者
제8 불타난제존자佛馱難提尊者
제9 복타밀다존자伏馱密多尊者
제10 협존자脇尊者
제11 부나야사존자富那夜奢尊者
제12 마명대사馬鳴大士

제13 가비마라존자迦毘摩羅尊者

제14 용수대사龍樹大士

제15 가나제바존자迦那提婆尊者

제16 라후라다존자羅睺羅多尊者

제17 승가난제존자僧伽難提尊者

제18 가야사다존자伽耶舍多尊者

제19 구마라다존자鳩摩羅多尊者

제20 사야다존자闍耶多尊者

제21 바수반두존자婆修盤頭尊者

제22 마노라존자摩拏羅尊者

제23 학륵나존자鶴勒那尊者

제24 사자존자師子尊者

제25 바사사다존자婆舍斯多尊者

제26 불여밀다존자不如密多尊者

제27 반야다라존자般若多羅尊者

제28 보리달마존자菩提達摩尊者

제29 혜가대사慧可大師

제30 승찬대사僧璨大師

제31 도신대사道信大師

제32 홍인대사弘忍大師

제33 혜능대사慧能大師

이렇게 모든 조사祖師가 각각 이어 받으셨으니 너희들도 불법을 전하여 끊어짐이 없게 하여라." 하셨다.

조사께서, 개원開元 원년 계축년 8월 초3일에 국은사國恩寺에서 재齋를 마치시고, 모든 대중들에게 말씀하시기를

"너희들은 각각 순서대로 앉아라. 내가 너희들과 헤어지리라."

하시니 법해法海가 말씀드리기를

"화상께서는 어떠한 가르침敎法을 남기시어 후대에 미혹한 중생들로 하여금 불성佛性을 보게 하시겠습니까?" 하였다.

조사께서 말씀하시기를

"너희들은 자세히 들어라. 후대에 미혹한 사람들이 만약 스스로 중생임을 알면 곧 이것이 불성을 아는 것이며, 만약 중생임을 알지 못하면 만겁萬劫을 찾아도 부처를 친견하지 못할 것이다.

내가 이제 너희들을 가르쳐서 자기 마음의 중생을 알게하고, 자기 마음의 불성을 보게 할 것이니 부처님 보기를 원하거든 다만 중생임을 알아라.

다만 중생이 부처를 모르는 것이지, 부처가 중생을 모르게 하는 것이 아니다. 만약 자기의 성품을 깨달으면 중생이 곧 부처요, 자기 성품을 알지 못하면 부처가 바로 중생이다.

그러므로 자기의 성품이 평등하면 중생이 바로 부처요, 자기의 성품이 사악邪惡하면 부처가 바로 중생이 된다.

너희들의 마음이 만약 험하고 굽었다면 부처가 곧 중생 가운데 있고, 한 생각이 평등하고 곧으면 곧 중생이 성불成佛하는 것이다.

> 내 마음에 스스로 부처가 있으니
> 자기의 부처가 참다운 부처이네.
> 만약 스스로 부처 마음이 없다면
> 어느 곳에서 참 부처를 구하리요.

我心自性佛 아심자성불
　　自佛是眞佛 자불시진불
　　自若無佛心 자약무불심
　　何處求眞佛 하처구진불

　너희들은 자기 마음이 부처임을 절대로 의심하지 말아라. 본래本來 밖으로는 한 물건도 세울 것이 없으니 능히 모든 것을 세우는 것은 이 본심에서 만법萬法이 나기 때문이다.
　그러므로 경에 말씀하시기를

　　마음이 생하면 가지 가지 법이 생기고,
　　마음이 멸하면 가지 가지 법이 없어진다

　　心生種種法生 심생종종법생
　　心滅種種法滅 심멸종종법멸

하셨다.

"내가 자성진불게自性眞佛偈라는 게송을 하나 남기고 너희들과 작별하려 한다. 후대의 사람들이 이 게송의 뜻을 알면 스스로 본심本心을 보아 위 없는 불도를 이룰 것이다." 하시고 게송을 설하셨다.

진여의 자성이 참다운 부처요
사견과 삼독이 마왕이라네.
삿되고 미혹할 때 마왕이 집에 살고
바른 소견 가질 때 부처가 방에 계시네.

眞如自性是眞佛 　진여자성시진불
邪見三毒是魔王 　사견삼독시마왕
邪迷之時魔在舍 　사미지시마재사
正見之時佛在堂 　정견지시불재당

삿된 소견에서 삼독이 일어나면
마왕이 즉시 집에 들어와 사는 것이요
바른 소견으로 삼독심을 없애면
마왕이 변하여 부처가 된다네.

性中邪見三毒生　성중사견삼독생
卽是魔王來住舍　즉시마왕내주사
正見自除三毒心　정견자제삼독심
魔變成佛眞無假　마변성불진무가

법신과 보신과 화신이여
세가지 몸이 본래 한 몸이니
만약 성품속을 향해 스스로 보면
곧 부처를 이루는 보리의 원인이네.

法身報身及化身　법신보신급화신
三身本來是一身　삼신본래시일신
若向性中能自見　약향성중능자견
卽是成佛菩提因　즉시성불보리인

본래 화신에서 청정한 성품이 나는지라
깨끗한 성품이 화신 가운데 항상 있네.
성품이 화신으로 정도를 가게하면
미래에 원만하여 다함이 없으리라.

本從化身生淨性 본종화신생정성
淨性常在化身中 정성상재화신중
性使化身行正道 성사화신행정도
當來圓滿眞無窮 당래원만진무궁

음란한 성품이 청정한 성품의 인因이니
음란함을 없애면 그게 곧 깨끗한 몸
성품 가운데 스스로 오욕을 여의면
성품을 보는 순간 바로 곧 참이라.

婬性本是淨性因 음성본시정성인
除淫卽是淨性身 제음즉시정성신
性中各自離五欲 성중각자리오욕
見性刹那卽是眞 견성찰나즉시진

금생에 만약 돈교의 문을 만나면
홀연히 자성을 깨쳐 세존을 보지만
만일 수행하여 부처를 찾는다 하면
어느 곳에서 참된 것을 구할 수 있을까.

今生若遇頓敎門 금생약우돈교문
忽悟自性見世尊 홀오자성견세존
若欲修行覓作佛 약욕수행멱작불
不知何處擬求眞 부지하처의구진

만일 마음 속에서 스스로 참을 본다면
참됨이 곧 성불하는 원인이니
자기 자성 보지 않고 밖에서 부처 찾는
마음을 일으키면 모두 다 어리석다.

若能心中自見眞 약능심중자견진
有眞卽是成佛因 유진즉시성불인
不見自性外覓佛 불견자성외멱불
起心總是大癡人 기심총시대치인

돈교의 법문을 이제 남겨두나니
세상 사람 제도할 때 스스로 닦게 하라.
앞으로 도를 배우는 수행자들이여,
이런 견해 짓지 말고 크게 유유하여라.

頓敎法門今已留 돈교법문금이류
救度世人須自修 구도세인수자수
報汝當來學道者 보여당래학도자
不作此見大悠悠 부작차견대유유

조사께서 게송을 설하시고, 또 말씀하시기를
"너희들은 잘 있어라. 내가 멸도滅度한 후에 세속적인 정으로 슬피 울거나 남의 조문弔問을 받거나 몸에 상복喪服을 입지 말아라. 그렇게 하는 것은 정법도 아니고 또한 나의 제자가 아니다.

다만 자기의 본마음을 알아서 자기의 본성을 보면 움직임도 고요함도 없고, 태어남도 죽음도 없으며, 가는 것도 오는 것도 없고, 옳음도 그름도 없으며, 머무름도 떠남도 없는 것이다.

너희들의 마음이 어리석어서 나의 뜻을 알지 못할까 두려워서 다시 너희들에게 가르쳐 성품을 보게 하는 것이다.

내가 세상을 떠난 뒤에도 이대로 닦아가면 내가 있을 때나 다름 없겠지만 만일 나의 가르침 대로 행하지 않는다면 내가 세상에 있더라도 아무런 유익함이 없을 것이다."

조사께서 다시 게송을 설하셨다.

올올히 선도 닦지 말고
등등히 악도 짓지 말라.
적적히 보고 들음 없이하고
탕탕히 마음 걸림 없게하라.

兀兀不修善 올올불수선
騰騰不造惡 등등불조악
寂寂斷見聞 적적단견문
蕩蕩心無着 탕탕심무착

조사께서 게송을 설하신 다음 단정히 앉아 계시다가 삼경三更이 되자 문인門人들에게 말씀하시기를

"나는 이제 간다" 하시고

문득 입적하시니, 그때에 이상한 향기가 방장실에 가득하였고 흰 무지개가 땅에서 뻗치더니 나무 숲이 하얗

게 희여지고 새와 짐승들이 슬피 울었다.

　11월에 광주廣州와 소주韶와 신주新州 등 3군의 관료와 문인門人과 승속들이 서로 다투어 조사의 진신사리眞身舍利를 모셔가려고 하여 모실 곳을 결정하지 못 하였다. 그래서 향을 피워놓고 기도하기를

　"조사께서 가실 방향으로 향연기가 가게 하소서."

　하니 향연기가 바로 조계曹溪를 향하여 곧게 뻗쳐갔다.

　11월 13일에 시신을 모신 신감神龕과 함께 전해내려오는 의발을 조계로 옮겨 돌아왔다.

　다음 해 7월에 시신을 출감出龕하여 제자 방변方辯이 향으로 그 위에 바르고, 제자들이 〈머리를 취할 것이다〉는 예언을 생각하여 견고한 철판과 옻칠한 천으로 조사의 목을 단단히 싸서 탑에 봉안하니 갑자기 탑속에서 흰 빛이 하늘로 뻗쳐서 3일 동안 흩어지지 않았다.

　소주자사가 조정에 아뢰어서 칙명을 받들어 비를 세워 조사의 도행道行을 기록하니 조사의 춘추는 일흔 여섯이었다. 스물 네살에 의발을 전해 받으셨고, 서른 아홉에 삭발하여 중생을 제도하기 위해 설법하신 것이 삼십 칠년이었다.

그동안 종지宗旨를 얻어 법을 이은 제자가 마흔 세 명이고, 도를 깨달아 범부를 초월한 사람의 수는 헤아릴 수가 없었다.

달마대사께서 전하신 믿음의 징표인 가사와 중종이 하사하신 금란가사와 보배발우와 방변方辯이 만든 조사의 진영과 그 밖의 도구道具들은 탑을 관리하는 시자가 맡아서 길이 보림도장寶林道場에 두게하고 법보단경을 전하여서 종지를 나타내고 삼보三寶를 높이 일으켜서 중생을 널리 이롭게 하였다.

육조 혜능 대사 연기緣起

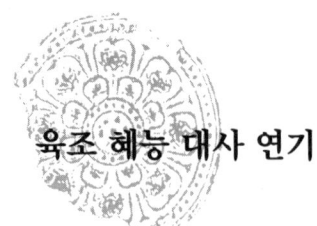

육조 혜능 대사 연기

대사의 아버지는 노盧씨로서 이름은 행도行滔이고 어머니는 이李씨이다.

모친께서 어느 날 꿈을 꾸었는데, 뜰 앞에 백화白花가 만발하고 흰 학이 쌍으로 날며 좋은 향기가 온 집안에 가득함을 보고 임신을 하였다.

그 후 6년 만에 당나라 정관貞觀 12년 무술년 2월 8일 자시子時에 아들을 낳으니 이 분이 곧 육조대사이다. 새벽녘에 두 수행자가 찾아와서 대사의 아버지에게 말하기를

"어젯 밤에 태어난 아이의 이름을 혜능慧能으로 하십시오."

하였다. 부친은 깜짝 놀라면서 그 까닭을 물으니 스님

이 대답하기를

"장차 이 아이가 혜慧로써 수 많은 사람들은 건지고, 능能히 크게 부처님의 일을 이룩할 인물이기 때문입니다."

스님은 말을 마친 후 홀연히 사라지니 자취를 알 수 없었다.

이렇게 출생한 대사는 어머니의 젖을 먹지 못 하고 자랐는데, 밤이 되면 신인神人이 나타나서 아기에게 감로수甘露水를 먹여 주었다.

대사의 나이 세 살 때 아버지는 돌아 가시고, 홀어머니를 모시고 나무장사를 하면서 가난하게 살았다.

24세에 오조 홍인대사로부터 의법衣法을 전수 받은 후에 남방으로 피신하였다가 16년만인 의봉원년儀鳳元年 병자년 정월에 광주 법성사法性寺에서 인종印宗법사를 만났는데 인종이 대사의 종지宗旨를 이해하고 스승으로 모셨다.

그러나 대사는 비록 도는 깨쳤으나 계戒는 받지 않았으므로 그달 15일에 인종印宗법사에게 비로소 머리를 깎았고, 다음달 28일에 서경西京의 지광智光율사를 수계사로 하고, 소주蘇州의 혜정慧精율사를 갈마사로, 형주荊州의 통응通應율사를 교수사로, 중천中天의 기다라耆多羅율사를 설계사로, 서국西國의 밀다삼장密多三藏을 증계사로 구족계를 받았다.

그 계단戒壇은 송조宋朝의 구나발다라求那跋陀羅삼장이 창건하였는데 당시 비석에 이렇게 적고 있다.

"후일에 이곳에서 육신보살肉身菩薩이 계를 받으리라."

하였다. 또 양나라 천감 원년天監 元年에 지약智藥삼장이 서인도로부터 보리수 나무 한 그루를 가지고 바다를 건너와서 이 계단 옆에 심으면서

"앞으로 170년 뒤에 육신보살이 나타나 이 보리수 나무 아래서 무량중생을 제도할 것이다."

예언하였는데 육조 혜능대사가 이곳에서 머리를 깎고 계를 받은 것이 모두 예언대로 된 것이다.

다음 해 봄에 대사가 조계의 보림사寶林寺로 돌아오니 형주의 통은通應율사와 학인 수백명이 추종하여 옴으로 그들과 함께 머물게 되었다.

그러나 갑자기 늘어난 많은 대중을 수용하기에는 당사가 너무나 비좁아 절을 확장하기로 하고, 지주地主인

진아선陣亞僊을 찾아가 말씀하시기를

"노승이 시주施主께 부탁하여 좌구坐具를 깔만한 터를 구하고자 하는데 얻을 수 있겠습니까?"

하시니, 땅 주인인 진아선이 말하기를

"화상의 좌구坐具의 크기가 얼마나 됩니까?"

하므로, 조사께서 깔고 계시던 방석을 들어 보이시자, 진선아는 두말없이 응락하였다.

그런데 이 어쩐 일인가! 조사께서 방석을 펴놓으니 조계曹溪의 사방경계를 덮어버렸고, 사천왕四天王이 갑자기 몸을 나타내어 사방을 깔고 앉으니, 지주地主인 권아선이 조사祖師의 법력法力에 경탄하고 그 땅을 모두 시주하였다.

지금은 사찰 주위에 있는 천왕령天王嶺이 이 때에 생긴 이름이다. 이렇게 조사께서는 경내境內를 넓히고 산수山水 좋은 장소를 골라 절을 세우니 그 수가 무려 열 세곳이었다.

원래 이 보림사는 서역국의 지약智藥삼장께서 조계에 이르러 물을 마셔보고 그 맛이 향기롭고 예사롭지 않음을 짐작하시고 제자들에게 '상류上流에는 필시 부처님

도량을 세울만한 승지勝地가 있을 것이다' 하시고 직접 올라와 보고는 산수의 절묘함에 감탄하면서, '서천西天의 보림산과 같다.' 하였다. 그리고 조후촌曹候村 주민들에게 말씀하시기를

"만약 여러분이 이 곳에 절을 세운다면 170년 후에 육신보살肉身菩薩이 출현하여 이곳에서 교화할 것인데 도道를 얻을 사람이 숲처럼 많을 것이니 마땅히 보림寶林이라 이름하십시오." 하였다.

이 말에 당시 소주韶州 목사인 후경중候敬中이 듣고 무제武帝에게 글을 올리니 조정에서 그 청을 승락하고 보림이라는 현판을 내리시었다. 천감天監 3년에 절을 짓고 보림사寶林寺라 이름하였다.

이 절 앞에 연못이 하나 있었는데 용龍이 자주 출몰하면서 안개도 피우고 비바람도 일으켜 산천초목을 뒤흔드는 등 피해가 심각하였다.

하루는 용이 큰 몸집을 드러내어 장난을 시작하는 것을 조사께서 보시고 크게 꾸짖기를

"용아, 네가 만일 신통스런 재주가 있다면 변화하여 자유자재로 몸집을 작게도 하고 크게도 할 수 있을 것이

니 어디 한번 작은 몸을 나타내어 보아라."

하니 용이 갑자기 물속으로 사라졌다가 잠시 후에 아주 작은 몸으로 솟아 올랐다. 그 때 조사께서 발우를 내밀면서

"네가 이 발우 속에도 들어갈 수 있겠느냐?"

하시니, 새끼 뱀 같은 용이 발우 속으로 잽싸게 들어와 헤엄치고 있는 것을 거두어서 법당으로 가지고 오셨다.

조사께서 법상 앞에 놓고 법을 설하여 주니 용이 그 공덕으로 몸을 벗고 갔다. 그 뼈가 지금도 전해오는데 길이가 7촌(21cm)쯤 되고, 머리와 꼬리와 뿔과 발이 모두 갖추어져 있다고 한다.

그 뒤로 조사께서 그 못을 메웠는데 전각 앞 좌측에 철탑鐵塔을 세운 곳이 바로 그 연못자리다.

조사께서 열반에 드신 후 개원開元 10년 임술 8월 3일 밤에 조사의 진신眞身을 모신 탑 속에서 쇠줄을 자르는 듯한 이상한 소리가 들리므로 대중이 황급히 쫓아가보니 어떤 상주喪主 옷을 입은 사람이 탑속에서 나와 도망가고 있있다.

문인들이 탑속을 살펴보니 조사의 목이 손상 당한 것을 발견하였다. 이 사실이 온 고을에 알려지자 현령縣令인 양간楊侃과 자사刺史인 유무첨柳無忝이 범인을 잡기 위해 수사에 착수한지 5일만에 석어촌이라는 마을에서 체포하고 보니 장정만이라는 사람으로 홍주 개원사開元寺에서 신라 승려인 김대비金大悲에게서 금 20량을 받고 한짓이었다.

김대비는 육조대사의 머리를 가져다가 해동海東에서 공양하기 위해 그런 행위를 한 것이다.

자사 양간楊侃이 몸소 조계에 출장하여 범인에 대한 처형處刑 문제를 상의하니 조사의 문도인 영도令韜가 말하기를

"만약 국법으로 다스린다면 마땅히 목을 베어야 하겠지만 불교의 자비로써 본다면 원수와 친한 이가 모두 평등한 것이며, 더구나 그것이 공양을 목적으로 한 짓이니 용서하는 것이 마땅하다."

하였으므로 유자사가 다시 한번 불법 문중의 관대함에 탄복하고 범인을 놓아 주었다.

상원 원년上元 元年에 숙종肅宗이 사신을 조계에 보내어

조사의 의발衣鉢을 모셔다가 궁안에서 공양하였더니 영태永泰 원년 5월 5일에 이르러 대종代宗의 꿈에 육조대사가 나타나 의발을 돌려달라고 하였으므로 그달 7일에 유숭경劉崇景 장군을 시켜서 조계산으로 돌려 보내면서 자사에게 명하여 본사에 정중히 안치하고 가람을 잘 수호하도록 하였다.

그 뒤에도 여러 차례 절취당한 적이 있었지만 그 때마다 바로 찾아오곤 하였다.

헌종憲宗이 대감大鑑선사라 시호하였고, 송나라 태조太祖가 즉위 하면서 병화兵火로 타버린 조사의 탑묘를 7층으로 새로 쌓고 시호를 더하여 대감진공선사태평흥국지탑大鑑眞空禪師太平興國之塔이라 하였다.

또 송나라 인종仁宗 천성天聖 10년에 시호를 더하여 대감진공보각선사大鑑眞空寶覺禪師라 하였고, 송나라 신종神宗이 또 시호를 더하여 대감진공보각원명선사大鑑眞空寶覺圓明禪師라 하였다.

六祖壇經

第一 行由品
제일 행유품

時에 大師 至寶林하시니 韶州韋刺史가 與官
시 대사 지보림   소주위자사   여관

僚로 入山하야 請師出於大梵寺講堂하야 爲
료 입산   청사출어대범사강당   위

衆開緣 說摩訶般若波羅密法이어늘 師 陞座
중개연 설마마반야파라밀법   사 승좌

次에 刺使官僚三十餘人과 儒宗學士 三十餘
차 자사관료삼십여인   유종학사 삼십여

人과 僧尼道俗一千餘人이 同時作禮하고 願
인 승니도속일천여인   동시작례   원

聞法要러라 大師 告衆曰善知識아 菩提自性이
문법요   대사 고중왈선지식   보리자성

本來淸淨하니 但用此心하면 直了成佛하리라
본래청정   단용차심   직요성불

善知識아 且聽慧能의 行由와 得法事意하라
선지식 차청혜능   행유 득법사의

慧能의 嚴父는 本貫이 范陽인데 左降流于嶺
혜능 엄부 본관   범양   좌강유우령

236 육조단경

南하야 作新州百姓이리니 此身이 不幸하야 父
又早亡하시고 老母孤遺라 後來南海하야 艱辛
貧乏일세 於市에 賣柴러니
時에 有一客이 買柴하야 使令送至客店에 客이
收去하고 慧能이 得錢하야 却出門外라가 見一
客이 誦經이라 慧能이 一聞經에 云應無所住
而生其心하고 心卽開悟하야 遂問 客誦何經고
客曰 金剛經이로라 復問 從何所來하야 持此
經典고 客云 我從蘄州黃梅懸東禪寺來니 其
寺는 是五祖忍大師 在彼主化하사 門人이 一
千有餘라 我到彼中하야 禮拜하고 聽受此經이니

大師 常勸僧俗하시대 但持金剛經하면 卽自見
대사 상권승속   단지금강경   즉자견

性하야 直了成佛이라하시거늘 能이 聞說하고 宿
성   직요성불   능   문설   숙

昔에 有緣일새 乃蒙一客의 取銀十兩으로 與
석   유연   내몽일객   취은십량   여

慧能하야 令充老母衣糧하고 敎便往黃梅하야
혜능   영충노모의량   교변왕황매

參拜五祖하라하야 慧能이 安置母畢하고 卽便
참배오조   혜능   안치모필   즉변

辭親하야 不經三十餘日에 便至黃梅하야 禮
사친   불경삼십여일   변지황매   예

拜五祖한대 祖問曰汝何方人이며 欲求何物고
배오조   조문왈여하방인   욕구하물

慧能이 對曰弟子는 是嶺南新州百姓이온대
혜능   대왈제자   시영남신주백성

遠來禮師는 惟求作佛이옵고 不求餘物이니이다
원래예사   유구작불   불구여물

祖言, 汝是嶺南人이며 又是獦獠라 若爲堪作
조언   여시영남인   우시갈료   약위감작

佛고 慧能曰, 人雖有南北이나 佛性은 本無
불   혜능왈   인수유남북   불성   본무

南北이오니 獦獠身은 與和尙으로 不同이오나
남 북   갈요신   여화상   부동

佛性이야 有何差別이오릿까
불성   유하차별

五祖更欲與語라가 且見徒衆이 總在左右하시고
오조갱욕여어   차견도중   총재좌우

乃令隨衆作務하라하시거늘 慧能曰이 啓和尙
내령수중작무   혜능왈   계화상

하옵나이다 弟子自心에 常生智慧하야 不離自
        제자자심   상생지혜   불리자

性하면 卽是福田이어니 未審하이다 和尙은 敎
성   즉시복전   미심   화상   교

作何務니잇고 祖云這獦獠의 根性이 大利로다
작하무   조운저갈료   근성   대리

汝更勿言하고 著槽廠去하라 慧能이 退至後
여갱물언   착조창거   혜능   퇴지후

院하니 有一行者 差慧能하야 破柴踏碓를 經
원   유일행자 차혜능   파시답대   경

八餘月이러니 祖一日은 忽見慧能曰, 吾思汝
팔여월   조일일   홀견혜능왈   오사여

之見이 可用이나 恐有惡人이 害汝할가 遂不與
지견   가용   공유악인   해여   수불여

汝言이니 汝知之否아 慧能이 曰弟子도 亦知
여언   여지지부   혜능   왈제자   역지

師意하고 不敢行至堂前하야 令人不覺하나이다
사의   불감행지당전   영인불각

祖 一日은 喚諸門人하사 總來하라 吾 向汝說
조 일일   환제문인   총래   오 향여설

하리라 世人이 生死事大어늘 汝等은 終日只求
      세인   생사사대   여등   종일지구

福田하고 不求出離生死苦海로다 自性을 若
복전   불구출리생사고해   자성   약

迷하면 福何可救리오 汝等은 各去하야 自看智
미   복하가구   여등   각거   자간지

慧하야 取自本般若之性하야 各作一偈하야 來
혜   취자본반야지성   각작일게   래

呈吾看하라 若悟大意면 付汝衣法하야 爲弟
정오간   약오대의   부여의법   위제

六代祖하리니 火急速去하야 不得遲滯라 思量
육대조   화급속거   부득지체   사량

하면 卽不中用하리라
    즉부중용

見性之人은 言下에 須見이니 若如此者는 輪
견성지인   언하   수견   약여차자   륜

刀上陣도 亦得見之니라 衆得處分하고 退而
도 상 진   역 득 견 지   중 득 처 분   퇴 이

遞相謂曰, 我等衆人은 不須澄心하야 用意作
체 상 위 왈 아 등 중 인   불 수 징 심   용 의 작

偈하니 將呈和尙인들 有何所益이리요
게   장 정 화 상   유 하 소 익

神秀上座가 現爲敎授師하니 必是他得이라
신 수 상 좌 현 위 교 수 사   필 시 타 득

我輩는 謾作偈頌하야 枉用心力이라하거늘 諸
아 배   만 작 게 송   왕 용 심 력   제

人이 聞語하고 總皆息心하야 咸言, 我等은 已
인   문 어   총 개 식 심   함 언   아 등   이

後에 依止秀師니 何煩作偈리요하더라.
후   의 지 수 사   하 번 작 게

神秀가 思惟하대 諸人이 不呈偈者는 爲我與他
신 수   사 유   제 인   부 정 게 자   위 아 여 타

로 爲敎授師니 我須作偈하야 將呈和尙하리라
   위 교 수 사   아 수 작 게   장 정 화 상

若不呈偈면 和尙이 如何知我心中에 見解深
약 부 정 게 화 상   여 하 지 아 심 중   견 해 심

淺이리오 我呈偈意는 求法卽善이오 覓祖卽惡
천   아 정 게 의   구 법 즉 선   멱 조 즉 악

이니 却同凡心이라 奪其聖位로 奚別이리오 若
不呈偈면 終不得法하리니 大難大難이로다 五
祖堂前에 有步廊三間하야 擬請供奉盧珍하야
畵楞伽經變相과 及五祖血脈圖하야 流傳供
養케하려하시더니 神秀가 作偈成已에 數度欲
呈하야 行至堂前이나 心中恍惚하야 遍身汗流
라 擬呈不得하야 前後經四日에 一十三度를
呈偈不得하고 秀乃思惟하되 不如向廊下書
著하야 從他和尙의 看見이니 忽若道好시면 卽
出禮拜하야 云是秀作이라하고 若道不堪이시면
枉向山中하야 數年을 受人禮拜라 更須何道리

요하고 是夜三更에 不使人知하야 自執燈하고
　　　　시야삼경　　불사인지　　　자집등

書偈於南廊壁間하야 呈心所見하니 偈曰
서게어남랑벽간　　　정심소견　　게왈

身是菩提樹요　　心如明鏡臺라
신시보리수　　　심여명경대

時時勤拂拭하야 勿使惹塵埃하라
시시근불식　　　물사야진애

秀가 書偈了하고 便却歸房하니 人總不知러라
수　　서게료　　　변각귀방　　　인총부지

秀復思惟호대 五祖가 明日에 見偈歡喜시면 卽
수부사유　　　오조　　명일　　견게환희　　　즉

我與法有緣이어니와 若言不堪이시면 自是我
아여법유연　　　　　약언불감　　　　자시아

迷라 宿業障重하야 不合得法이니 聖意難測이
미　　숙업장중　　　불합득법　　　성의난측

로다 房中思想하되 坐臥不安하야 直至五更이
　　　방중사상　　　좌와불안　　　직지오경

러니 祖가 已知神秀가 未得入門하야 不見自性
조   이지신수   미득입문   불견자성

하시고 天明에 祖가 喚盧供奉來하사 向南廊壁
       천명 조   환노공봉래   향남랑벽

間하야 繪畫圖相이라가 忽見其偈하시고 報言供
간   회화도상   홀견기게   보언공

奉시되 却不用畫니 勞爾遠來로다 經에 云凡所
봉   각불용화   노이원래   경   운범소

有相이 皆是虛妄이라하셨으니 但留此偈하야 與
유상   개시허망   단유차게   여

人誦持케하리니 依此偈修하면 免墮惡道하고 依
인송지   의차게수   면타악도   의

此偈修하면 有大利益하리라하사 令門人으로 炷
차게수   유대이익   영문인   주

香禮敬하고 盡誦此偈하면 卽得見性하라하신대
향예경   진송차게   즉득견성

門人이 誦偈하고 皆歎善哉라하더라
문인   송게   개탄선재

祖가 三更에 喚秀入堂하야 問曰偈是汝作否아
조   삼경   환수입당   문왈게시여작부

秀言實是秀作이오니 不敢妄求祖位하나이다
수언실시수작   불감망구조위

望和尙은 慈悲로 看하소서 弟子에게 有少智慧
망 화 상   자 비   간   제 자   유 소 지 혜

否잇가 祖가 曰汝作此偈는 未見本性이니 只
부   조   왈 여 작 차 게   미 견 본 성   지

到門外요 未入門內라 如此見解로는 覓無上
도 문 외   미 입 문 내   여 차 견 해   멱 무 상

菩提하여도 了不可得이니라 無上菩提는 須得
보 리   요 불 가 득   무 상 보 리   수 득

言下에 識自本心하고 見自本性의 不生不滅
언 하   식 자 본 심   견 자 본 성   불 생 불 멸

하야 於一切時中에 念念自見萬法 無滯하야
        어 일 체 시 중   염 념 자 견 만 법   무 체

一眞에 一切眞이라 萬境이 自如如니 如如之
일 진   일 체 진   만 경   자 여 여   여 여 지

心이 卽是眞實이라 若如是見하면 卽是無上
심   즉 시 진 실   약 여 시 견   즉 시 무 상

菩提之自性也니 汝且去, 一兩日思惟하야 更
보 리 지 자 성 야   여 차 거   일 양 일 사 유   갱

作一偈하야 將來히리 吾看汝偈하야 若入得門
작 일 게   장 래   오 간 여 게   약 입 득 문

이면 付汝衣法하리라 神秀作禮而出하야 又經
      부 여 의 법   신 수 작 례 이 출   우 경

數日이로되 作偈不成하고 心中恍惚하야 神思不
수일   작게불성   심중황홀   신사불

安이 猶如夢中하야 行坐不樂이러라 復兩日에
안   유여몽중   행좌불락   부양일

有一童子가 於碓坊過라가 唱誦其偈어늘 能이
유일동자   어대방과   창송기게   능

一聞에 便知此偈가 未見本性하니 雖未蒙敎
일문   변지차게   미견본성   수미몽교

授나 早識大意니라 遂問童子曰 誦者何偈오
수   조식대의   수문동자왈 송자하게

童子言호대 爾這獦獠는 不知아 大師言하사대
동자언   이저갈료   부지   대사언

世人이 生死事大하니 欲得傳付衣法이라하시고
세인   생사사대   욕득전부의법

令門人으로 作偈來看하라 若悟大意면 卽付
영문인   작게래간   약오대의   즉부

衣法하야 爲第六祖하리라하시니 神秀上座가
의법   위제육조   신수상좌

於南廊壁上에 書無相偈한지라
어남랑벽상   서무상게

大師가 令人으로 皆誦此偈하라 依此偈修하면
대사   영인   개송차게   의차게수

免墮惡道라하시니라하거늘 依此偈修有大利益
면타악도   의차게수유대이익

이라 慧能曰 上人아 我此踏碓가 八箇餘月이로대
     혜능왈 상인   아차답대   팔개여월

未曾行到堂前하니 望上人은 引至偈前하야 禮
미증행도당전   망상인   인지게전   예

拜케하라 童子가 引至偈前하야 作禮하니 慧能曰
배   동자   인지게전   작례   혜능왈

慧能이 不識字하니 請上人은 爲讀하라하니 時에
혜능   불식자   청상인   위독   시

有江州別駕하니 姓은 張이요 名은 日用이라 便
유강주별가   성   장   명   일용   변

高聲讀이어늘 慧能이 聞已하고 遂言하대 亦有
고성독   혜능   문이   수언   역유

一偈하니 望別駕는 爲書하라 別駕가 言호대 汝
일게   망별가   위서   별가   언   여

亦作偈하니라 其事希有로다 慧能이 啓別駕言
역작게   기사희유   혜능   계별가언

호대 欲學無上菩提인댄 不得輕於初學이니
     욕학무상보리   부득경어초학

下下人도 有上上智하고 上上人도 有沒意智라
하하인   유상상지   상상인   유몰의지

若輕人인댄 卽有無量無邊罪니라 別駕가 言호대
약경인   즉유무량무변죄   별가 언

汝但誦偈하라 吾爲汝書하리니 汝若得法인댄
여단송게   오위여서   여약득법

先須度吾어다 勿忘此言하라 慧能이 偈曰
선수도오   물망차언   혜능 게왈

菩提本無樹요   明鏡亦非臺라
보리본무수   명경역비대

本來無一物이어니   何處惹塵埃리오
본래무일물   하처야진애

書此偈已하니 徒衆이 總驚하야 無不嗟訝하야
서차게이   도중   총경   무불차아

各相謂言하되 奇哉라 不得以貌로 取人이로다
각상위언   기재   부득이모   취인

何得多時를 使他肉身菩薩이런고하더라 祖가 見
하득다시 사타육신보살   조 견

衆人이 驚怪하시고 恐人損害하사 遂將鞋하야
중인   경괴   공인손해   수장혜

擦了偈曰하사대 亦未見性이라하시니 衆以爲
찰료게운   역미견성   중이위

然이러라
연

次日에 祖가 潛至碓坊하사 見能이 腰石舂米
차일   조   잠지대방   견능   요석용미

하시고 語曰求道之人의 爲法忘軀함이 當如是
        어왈구도지인   위법망구   당여시

乎인저 卽問曰 米熟也未아 慧能이 曰 未熟은
호   즉문왈 미숙야미   혜능   왈 미숙

久矣나 猶欠篩在이니다 祖가 以杖으로 擊碓三
구의   유흠사재   조   이장   격대삼

下而去어시늘 慧能이 卽會祖意하고 三鼓에 入
하이거   혜능   즉회조의   삼고   입

室하니 祖以袈裟로 庶圍하사 不令人見케하시고
실   조이가사   차위   불령인견

爲說金剛經하실새 至應無所住而生其心하야
위설금강경   지응무소주이생기심

慧能이 言下에 大悟一切萬法이 不離自性하고
혜능   언하   대오일체만법   불리자성

遂啓祖言하되 何期自性이 本自淸淨이며 何
수계조언   하기자성   본자청정   하

期自性이 本不生滅이며 何期自性이 本自具
기자성   본불생멸   하기자성   본자구

足이며 何期自性이 本無動搖며 何期自性이
족   하기자성   본무동요   하기자성

能生萬法이리까하니 祖가 知悟本性謂慧能曰
능생만법   조   지오본성위혜능왈

하시고 不識本心하면 學法無益이오 若識自本
      불식본심   학법무익   약식자본

心하고 見自本性하면 卽名 丈夫 天人師 佛이
심   견자본성   즉명 장부 천인사 불

라하시니라 三更에 受法하니 人盡不知라 便傳
          삼경   수법   인진부지   변전

頓敎와 及衣鉢云하사대 汝爲第六代祖하니 善
돈교   급의발운   여위제육대조   선

自護念하야 廣度有情하고 流布將來하야 無令
자호념   광도유정   유포장래   무령

斷絶하라 聽吾偈하라 曰
단절   청오게   왈

有情來下種하니   因地果還生이로다
유정래하종   인지과환생

無情旣無種이라　　無性亦無生이로다
무정기무종　　　　무성역무생

祖가 復曰 昔에 達磨大師가 初來此土하시니
조　　부왈 석　　달마대사　　초래차토

人未之信일새 故傳此衣하사 以爲信體하야 代
인미지신　　　고전차의　　　이위신체　　　대

代相承이어니와 法卽以心傳心하야 皆令自悟
대상승　　　　　법즉이심전심　　　　개령자오

自解니 自古로 佛佛이 惟傳本體하시고 師師가
자해　　자고　　불불　　유전본체　　　　사사

密付本心이시라 衣爲爭端이니 止汝勿傳하라
밀부본심　　　　의위쟁단　　　지여물전

若傳此衣하면 命如懸絲하리라 汝須速去니 恐
약전차의　　　명여현사　　　　여수속거　　공

人害汝하노라
인해여

慧能이 曰 向甚處去하오리까 祖가 云逢懷則
혜능　　왈 향심처거　　　　　조　　운봉회즉

止하고 遇會則藏하라 慧能이 三更에 領得衣
지　　　우회즉장　　　혜능　　삼경　　영득의

第一　行由品　251

鉢하고 云호대 能은 本是南中人이라 久不知此
발   운   능   본시남중인   구부지차

山路어니 如何出得江口리잇고 五祖가 言하사대
산로   여하출득강구   오조   언

汝不須憂니 吾自送汝하리라하시고 祖가 相送
여불수우   오자송여   조   상송

하야 直至九江驛邊하시니 有一隻船子라 祖令
     직지구강역변   유일척선자   조령

慧能으로 上船케하시고 五祖가 把艣自搖어시늘
혜능   상선   오조   파노자요

慧能이 言호대 請和尙은 坐하소서 弟子가 合搖
혜능   언   청화상   좌   제자   합요

艣하오리다 五祖가 云하사대 合是吾渡汝하리라
노   오조   운   합시오도여

慧能이 云호대 迷時엔 師度어니와 悟了엔 自
혜능   운   미시   사도   오료   자

度니 度名은 雖一이나 用處는 不同이니이다 慧
도   도명   수일   용처   부동   혜

能이 生在邊方하야 語音이 不正이나 蒙師村
능   생재변방   어음   부정   몽사촌

法하야 今已得悟니 只合自性自度니이다 祖가
법   금이득오   지합자성자도   조

云如是如是하다 以後에 佛法이 由汝大行하리라
운 여 시 여 시   이 후   불 법   유 여 대 행

汝去三年에 吾方逝世하리니 汝今好去하되 努
여 거 삼 년   오 방 서 세   여 금 호 거   노

力向南하며 不宜凍說이니 佛法難起하리라
력 향 남   불 의 속 설   불 법 난 기

慧能이 辭違祖己하고 發足南行하야 兩月中
혜 능   사 위 조 이   발 족 남 행   양 월 중

間에 至大庾嶺이러니 逐後數百人이 來하야 欲
간   지 대 유 령   축 후 수 백 인   래   욕

奪衣鉢할새 一僧의 俗姓은 陳이요 名은 惠明
탈 의 발   일 승   속 성   진   명   혜 명

인데 先是四品將軍이라
     선 시 사 품 장 군

性行이 麤慥하야 極意參尋하더니 爲衆人先하야
성 행   추 조   극 의 참 심   위 중 인 선

趁及於能이어늘 慧能이 擲下衣鉢於石上云호대
진 급 어 능   혜 능   척 하 의 발 어 석 상 운

此衣는 表信이어니 可力爭耶아하고 能이 隱草
차 의   표 신   가 력 쟁 야   능   은 초

莽中이러니 惠明이 至하야 提掇하되 不動이라
망 중   혜 명   지   제 철   부 동

第一 行由品 253

乃喚云行者여 行者여 我爲法來요 不爲衣來
내환운행자 행자 아위법래 불위의래

니이다 慧能이 遂出하야 坐盤石上하니 惠明이
혜능 수출 좌반석상 혜명

作禮云호대 望行者는 爲我說法하소서
작례운 망행자 위아설법

慧能이 曰호대 汝旣爲法而來어든 可屛息諸
혜능 왈 여기위법이래 가병식제

緣하고 勿生一念하라 吾爲汝說하리라 惠明이
연 물생일념 오위여설 혜명

良久에 謂明曰 不思善하고 不思惡하라 正與
양구 위명왈 불사선 불사악 정여

麼時에 那箇가 是明上座의 本來面目인고하니
마시 나개 시명상좌 본래면목

惠明이 言下에 大悟하고 復問云호대 上來密
혜명 언하 대오 부문운 상래밀

語密意外에 還更有密意否이까 慧能이 云與
어밀의외 환갱유밀의부 혜능 운여

汝說者는 卽非密也니 汝若返照하면 密在汝
여설자 즉비밀야 여약반조 밀재여

邊이니라 明이 曰 惠明이 雖在黃梅나 實未省
변 명 왈 혜명 수재황매 실미성

自己面目이러니 今蒙指示하오니 如人이 飮水에
冷暖을 自知로소이다 今行者는 卽惠明의 師也
니이다 慧能이 曰 汝若如是인댄 吾與汝로 同
師黃梅니 善自護持하라 明이 又問하되 惠明이
今後에 向甚處去이이까 慧能이 曰 逢袁卽止
하고 遇蒙卽居하라 明이 禮辭하니라

慧能이 後至曹溪하야 又被惡人의 尋逐하고
乃於四會縣에 避難할새 獵人隊中하야 凡經一
十五載라 時與獵人으로 隨宜說法이러니 獵人이
常令守網하라하면 每見生命하면 盡放之하고
每至飯時하야는 以菜로 寄煮肉鍋하니 或이 問

則對曰 但喫肉邊菜라하니라
즉대왈 단끽육변채

一日은 思惟하니 時當弘法이라 不可終遯일새
일일   사유   시당홍법   불가종돈

遂出至廣州法性寺하야 值印宗法師의 講涅
수출지광주법성사   치인종법사 강열

槃經이러니 時에 有風吹幡動이라 一僧은 云風
반경   시 유풍취번동   일승   운풍

動이라하고 一僧은 曰幡動이라하야 議論이 不
동   일승 왈번동   의론 불

己어늘 慧能이 進曰 不是風動이요 不是幡動
이   혜능 진왈 불시풍동   불시번동

인데 仁者心動이라하니 一衆이 駭然이어늘 印
   인자심동   일중 해연   인

宗이 延至上席하야 微詰奧義할새 見慧能의
종 연지상석   징힐오의   견혜능

言簡理當하되 不由文字하고 宗이 云行者는
언간이당   불유문자   종   운행자

定非常人이라 久聞黃梅衣法이 南來러니 莫
정비상인   구문황매의법 남래   막

是行者否아 慧能이 曰不敢이로라 宗이 於是에
시행자부 혜능 왈불감   종   어시

作禮하고 告請傳來衣鉢을 出示大衆하고 宗이
작례   고청전래의발   출시대중   종

復問曰黃梅付囑이 如何指授니잇고 慧能 曰 指
부문왈황매부촉   여하지수   혜능 왈 지

授卽無하니 唯論見性하고 不論禪定解脫이니라
수즉무   유논견성   불론선정해탈

宗 曰 何不論禪定解脫이닛고 能이 曰爲是二
종 왈 하불론선정해탈   능 왈위시이

法이요 不是佛法이니 佛法은 是不二之法이니라
법   불시불법   불법 시불이지법

宗이 又問 如何是佛法不二之法이니잇고 能이
종   우문 여하시불법불이지법   능

曰 法師가 講涅槃經하야 明見佛性이 是佛法
왈 법사 강열반경   명견불성 시불법

不二之法하리니 如涅槃經에 高貴德王菩薩이
불이지법   여열반경   고귀덕왕보살

白佛言하사대 犯四重禁과 作五逆罪와 及一闡
백불언   범사중금   작오역죄   급일천

提等이 當斷善根佛性否이까 佛言하사대 善根에
제등   당단선근불성부   불언   선근

有二하니 一者는 常이오 二者는 無常이니 佛性은
유이   일자   상   이자   무상   불성

弟一 行由品 257

非常 非無常일새 是故로 不斷을 名爲不二며
비상 비무상   시고   부단   명위불이

一者는 善이요 二者는 不善이어니와 佛性은 非
일자   선   이자   불선   불성   비

善 非不善일새 是名不二라하시니 蘊之與界를
선 비불선   시명불이   온지여계

凡夫는 見二어니와 智者는 了達其性이 無二하나니
범부   견이   지자   요달기성   무이

無二之性이 卽是佛性이니라
무이지성   즉시불성

印宗이 聞說하고 歡喜合掌言호대 某甲의 講經은
인종   문설   환희합장언   모갑   강경

猶如瓦礫이오 仁者의 論義는 猶如眞金이니이다
유여와력   인자   논의   유여진금

於是에 爲慧能剃髮하고 願事爲師어늘 慧能이
어시   위혜능체발   원사위사   혜능

遂於菩提樹下에 開東山法門하니라
수어보리수하   개동산법문

慧能이 於東山에 得法하고 辛苦受盡이나 命似
혜능   어동산   득법   신고수진   명사

懸絲러니 今日에 得與使君官僚와 僧尼道俗으로
현사   금일   득여사군관료   승니도속

同此一會하니 莫非累劫之緣이며 亦是過去生
동 차 일 회   막 비 누 겁 지 연   역 시 과 거 생

中에 供養諸佛하야 同種善根일새 方始得聞如
중   공 양 제 불   동 종 선 근   방 시 득 문 여

上頓敎得法之因이니 敎是先聖의 所傳이요 不
상 돈 교 득 법 지 연   교 시 선 성   소 전   불

是慧能의 自智니 願聞先聖敎者는 各令淨心
시 혜 능   자 지   원 문 선 성 교 자   각 령 정 심

하고 聞了코 各自除疑하면 如先代聖人으로 無
       문 료   각 자 제 의   여 선 대 성 인   무

別하리라하시니
별

一衆이 聞法하고 歡喜作禮而退하니라.
일 중   문 법   환 희 작 례 이 퇴

第二 般若品
제 이 반야 품

次日에 韋使君이 請益한대 師陞座하사 告大衆
차일 위사군 청익 사승좌 고대중

曰 總淨心하고 念摩訶般若波羅密多하라 復
왈 총정심 염마하반야바라밀다 부

云 善知識아 菩提般若之智는 本自有之언마는
운 선지식 보리반야지지 본자유지

只緣心迷하야 不能自悟하나니 須假大善知識의
지연심미 불능자오 수가대선지식

示導見性이니라 當知하라 愚人智人의 佛性이
시도견성 당지 우인지인 불성

本無差別이언마는 只緣迷悟不同일새 所以로
본무차별 지연미오부동 소이

有愚有智니라 吾今爲說摩訶般若波羅密法하야
유우유지 오금위설마하반야바라밀법

使汝等으로 各得智慧케호리니 志心諸聽하라
사여등 각득지혜 지심제청

吾爲汝說하리라
오위여설

善知識아 世人이 終日口念般若하되 不識自
선지식   세인   종일구념반야   불식자

性般若함이 猶如說食不飽하니 口但說空하면
성반야   유여설식불포   구단설공

萬劫에도 不得見性이라 終無有益하리라
만겁   부득견성   종무유익

善知識아 摩訶般若波羅密은 是梵語라 此言
선지식   마하반야바라밀   시범어   차언

으로 大智慧到彼岸이니 此須心行이요 不在口
   대지혜도피안   차수심행   부재구

念이라 口念心不行하면 如幻, 如化하며 如露,
념   구념심불행   여환 여화   여로

如電이요 口念心行하면 則心口相應하야 本性이
여전   구념심행   즉심구상응   본성

是佛이니 離性 無別佛이니라 何名摩訶오 摩訶는
시불   이성 무별불   하명마하   마하

是大니 心量의 廣大함이 猶如虛空하야 無有邊
시대   심량 광대   유여허공   무유변

畔하며 亦無方圓大小하며 亦非靑黃赤白이며
반   역무방원대소   역비청황적백

亦無上下長短하며 亦無瞋 無喜하며 無是 無
역무상하장단   역무진 무희   무시 무

第二 般若品 261

非하며 無善 無惡하며 無有頭尾라 諸佛刹土가
비   무선 무악   무유두미   제불찰토

盡同虛空이니 世人의 妙性이 本空하야 無有一
진동허공   세인   묘성   본공   무유일

法可得일새 自性眞空도 亦復如是하니라
법가득   자성진공   역부여시

善知識아 莫聞吾說空하고 便卽著空이니 第一
선지식 막문오설공   변즉착공   제일

莫著空하라 若空心靜坐인댄 卽著無記空하리라
막착공   약공심정좌   즉착무기공

善知識아 世界虛空이 能含萬物色像이라 日
선지식 세계허공   능함만물색상   일

月星宿과 山河大地와 泉源溪澗과 草木叢林과
월성숙 산하대지   천원계간   초목총림

惡人善人과 惡法善法과 天堂地獄과 一切大
악인선인 악법선법   천당지옥   일체대

海와 須彌諸山이 總在空中하니 世人의 性空도
해   수미제산   총재공중   세인   성공

亦復如是하니라
역부여시

善知識아 自性의 能含萬法이 是大라 萬法이
선지식 자성   능함만법   시대   만법

在諸人性中하니 若見一切人의 惡之與善하야도
재제인성중　　약견일체인　　악지여선

盡皆不取不捨하고 亦不染着하야 心如虛空
진개불취불사　　역불염착　　　심여허공

하면 名之爲大라 故로 曰摩訶니라
　　　명지위대　고　　왈마하

善知識아 迷人이 口說하고 智者는 心行이니라
선지식　　미인　　구설　　　지자　　심행

又有迷人이 空心靜坐하야 百無所思하고 自稱
우유미인　　공심정좌　　　백무소사　　　자칭

爲大라하나니 此一輩人은 不可與語니 爲邪見
위대　　　　　차일배인　　불가여어　　위사견

故니라 善知識아 心量이 廣大하야 偏周法界하
고　　　선지식　　심량　　광대　　　변주법계

나니 用卽了了分明하야 應用에 便知一切라 一
　　　용즉요요분명　　　응용　　변지일체　　일

切卽一이며 一卽一切여서 去來自由하야 心體
체즉일　　　일즉일체　　　거래자유　　　심체

無滯일새 卽是般若니라
무체　　　즉시반야

善知識아 一切般若智가 皆從自性而生이요
선지식　　일체반야지　　개종자성이생

不從外入이니 莫錯用意함이 名爲眞性自用이라
부종외입 막착용의 명위진성자용

一眞에 一切眞이니라 心量은 大事라 不行小道니
일진 일체진 심량 대사 불행소도

口莫終日說空하라 心中에 不修此行하면 恰似
구막종일설공 심중 불수차행 흡사

凡人이 自稱國王이라도 終不可得이니 非吾弟
범인 자칭국왕 종불가득 비오제

子니라
자

善知識아 何名般若오 般若者는 唐言에 智慧
선지식 하명반야 반야자 당언 지혜

也니 一切處所와 一切時中에 念念不愚하야
야 일체처소 일체시중 염념불우

常行智慧하면 卽是般若行이니 一念愚에 卽般
상행지혜 즉시반야행 일념우 즉반

若絶이오 一念이 智하면 卽般若生이어늘 世人이
야절 일념 지 즉반야생 세인

愚迷하야 不見般若하고 口說般若나 心中常愚
우미 불견반야 구설반야 심중상우

하나니 常自言 我須般若라하야 念念說空하나
 상자언 아수반야 염념설공

不識眞空이로다 般若는 無形相이라 智慧心이
불식진공   반야   무형상   지혜심

卽是니 若作如是解하면 卽名般若智니라
즉시   약작여시해   즉명반야지

何名波羅密고 此是西國語인데 唐言엔 到彼
하명바라밀   차시서국어   당언   도피

岸이니 解義하면 離生滅이니라 著境生滅起하야
안   해의   이생멸   착경생멸기

如水有波浪하면 卽名爲此岸이요 離境無生滅
여수유파랑   즉명위차안   이경무생멸

하야 如水相通流하면 卽名爲彼岸이니 故號波
     여수상통유   즉명위피안   고호바

羅密이니라
라밀

善知識아 迷人은 口念하되 當念之時에 有妄
선지식   미인   구념   당념지시   유망

有非어니와 念念若行하면 是名眞性이니 悟此
유비   염념약행   시명진성   오차

法者는 是般若法이요 修此行者는 是般若行이라
법자   시반야법   수차행자   시반야행

不修하면 卽凡이요 一念修行하면 自身이 等佛
불수   즉범   일념수행   자신   등불

이니라 識

善知識아 凡夫卽佛이요 煩惱卽菩提니 前念이
선지식   범부즉불   번뇌즉보리   전념

迷卽凡夫요 後念이 悟하면 卽佛이며 前念이 著
미즉범부   후념   오   즉불   전념   착

境하면 卽煩惱요 後念이 離境하면 卽菩提니라
경   즉번뇌   후념   이경   즉보리

善知識아 摩訶般若波羅密은 最尊 最上 最
선지식   마하반야바라밀   최존 최상 최

第一이라 無住 無往하며 亦無來로되 三世諸佛이
제일   무주 무왕   역무래   삼세제불

皆從中出이시니라 當用大智慧하야 打破五蘊
개종중출   당용대지혜   타파오온

煩惱 塵勞니 如此修行하면 定成佛道하야 變
번뇌 진로   여차수행   정성불도   변

三毒爲戒定慧하리라
삼독위계정혜

善知識아 我此法門은 從一般若하야 生八萬
선지식   아차법문   종일반야   생팔만

四千智慧니 何以故오 爲世人이 有八萬四千
사천지혜   하이고   위세인   유팔만사천

塵勞일새니 若無塵勞하면 智慧常現하야 不離
진로　　　약무진로　　　지혜상현　　　불이

自性이니 悟此法者는 卽是無念 無憶 無着하야
자성　　　오차법자　　즉시무념 무억 무착

不起誑妄하고 用自眞如性하야 以智慧觀照하야
불기광망　　　용자진여성　　　이지혜관조

於一切法에 不取不捨니 卽是見性 成佛道니라
어일체법　　불취불사　　즉시견성 성불도

善知識아 若欲入甚深法界와 及般若三昧者
선지식　　약욕입심심법계　　급반야삼매자

인댄 須修般若行하고 持誦金剛般若經하야 卽
　　　수수반야행　　　지송금강반야경　　　즉

得見性이니 當知此經功德이 無量無邊이라 經
득견성　　　당지차경공덕　　무량무변　　　경

中에 分明讚歎하니 莫能具說이로다 此法門은
중　　분명찬탄　　　막능구설　　　차법문

是最上乘이니 爲大智人說이며 爲上根人說이라
시최상승　　　위대지인설　　　위상근인설

小根小智人이 聞하면 心生不信하나니 何以故오
소근소지인　　문　　　심생불신　　　하이고

譬如大龍이 下雨於閻浮提하면 城邑聚落이
비여대룡　　하우어염부제　　　성읍취락

第二 般若品 267

悉皆漂流하야 如漂棗葉이어니와 若雨大海하면
실개표류   여표조엽   약우대해

不增不減이니 若大乘人과 若最上乘人이 聞
부증불감   약대승인   약최상승인   문

說金剛經하면 心開悟解라 故知本性에 自有
설금강경   심개오해   고지본성   자유

般若之智니 自用智慧하야 常觀照故로 不假
반야지지   자용지혜   상관조고   불가

文字니라 譬如雨水가 不從天有라 元是龍能
문자   비여우수   부종천유   원시용능

興致하야 令一切衆生과 一切草木으로 有情無
흥치   영일체중생   일체초목   유정무

情이 悉皆蒙潤하며 百川衆流가 却入大海하야
정   실개몽윤   백천중류   각입대해

合爲一體인달하야 衆生本性의 般若之智도 亦
합위일체   중생본성   반야지지   역

復如是하니라
부여시

善知識아 小根之人이 聞此頓敎하면 猶如草
선지식   소근지인   문차돈교   유여초

木의 根性小者가 若被大雨하면 悉皆自到하야
목   근성소자   약피대우   실개자도

不能增長인달하야 小根之人도 亦復如是하나니
불능증장   소근지인   역부여시

元有般若之智는 與大智人으로 更無差別이언만
원유반야지지 여대지인   갱무차별

因何聞法하고 不自開悟오 緣邪見障重하고 煩
인하문법   부자개오   연사견장중   번

惱根深이니 猶如大雲이 覆蓋於日에 不得風
뇌근심   유여대운   복개어일   부득풍

吹면 日光이 不現이니라 般若之智도 亦無大小
취   일광 불현   반야지지   역무대소

언만 爲一切衆生이 自心迷悟가 不同하야 迷
    위일체중생   자심미오   부동   미

心은 外見에 修行覓佛이나 未悟自性일새 卽是
심   외견 수행멱불   미오자성   즉시

小根이니 若開悟頓敎하야 不執外修하고 但於
소근   약개오돈교   부집외수   단어

自心에 常起正見하야 煩惱塵勞가 常不能染하면
자심   상기정견   번뇌진로   상불능염

卽是見性이니라
즉시견성

善知識아 內外不住하고 去來自由하야 能除執
선지식   내외부주   거래자유   능제집

第二 般若品

心하면 通達無碍니 能修此行하면 與般若經으로
本無差別이니라

善知識아 一切修多羅와 及諸文字인 大小二乘의 十二部經이 皆因人置며 因智慧性하야 方能建立이니 若無世人이면 一切萬法이 本自不有라 故知萬法이 本自人興이며 一切經書가 因人說有로다 緣其人中에 有愚有智하야 愚爲小人하고 智爲大人이라 愚者는 問於智人하고 智者는 與愚人說法하나니 愚人도 忽然悟解心開하면 即與智人無別하리라

善知識아 不悟하면 即佛 是衆生이요 一念悟

時엔 衆生 是佛이니 故知萬法이 盡在自心이
시   중생 시불   고지만법   진재자심

어늘 何不從自心中하야 頓見眞如本性고 菩薩
     하부종자심중   돈견진여본성   보살

戒經에 云我本元自性이 淸淨이니 若識自心
계경   운아본원자성   청정   약식자심

見性하면 皆成佛道라하며 淨名經에 云卽時豁
견성   개성불도   정명경   운즉시활

然하면 還得本心이라하시니라
연   환득본심

善知識아 我於忍和尙處에 一聞하고 言下에
선지식   아어인화상처   일문   언하

便悟하야 頓見眞如本性일새 是以로 將此敎法
변오   돈견진여본성   시이   장차교법

流行하야 令學道者로 頓悟菩提하야 各自觀心
류행   영학도자   돈오보리   각자관심

하고 自見本性케하노니 若自不悟인댄 須覓大
    자견본성   약자불오   수멱대

善知識인 解最上乘法者의 直示正路니 是善
선지식   해최상승법자   직시정로   시선

知識은 有大因緣이라 所謂化導하야 令得見性
지식   유대인연   소위화도   영득견성

이니 一切善法이 因善知識하야 能發起故니라
일체선법   인선지식   능발기고

三世諸佛의 十二部經이 在人性中하야 本自具
삼세제불   십이부경   재인성중   본자구

有언마는 不能自悟일새 須求善知識指示하야
유   불능자오   수구선지식지시

方見이어니와 若自悟者는 不假外求니 若一向
방견   약자오자   불가외구   약일향

執謂하되 須要他善知識하야 望得解脫者인댄
집위   수요타선지식   망득해탈자

無有是處니 何以故오 自心內에 有智識自悟니
무유시처   하이고   자심내   유지식자오

若起邪迷하야 妄念顚倒하면 外善知識이 雖有
약기사미   망념전도   외선지식   수유

敎授라도 救不可得이어니와 若起正眞하야 般
교수   구불가득   약기정진   반

若觀照하면 一刹那間에 妄念이 俱滅이니 若識
야관조   일찰나간   망념   구멸   약식

自性一悟하면 卽至佛地하리라
자성일오   즉지불지

善知識아 智慧로 觀照하면 內外明徹하야 識自
선지식 지혜   관조   내외명철   식자

本心하리니 若識本心하면 卽本解脫이오 若得
解脫하면 卽是般若三昧며 卽是無念이니 何名
無念고 若見一切法하야도 心不染著하면 是爲
無念이니 用卽徧一切處하되 亦不著一切處하고
但淨本心하야 使六識으로 出六門하되 於六塵
中에 無染無雜하야 來去自由, 通用無滯하면
卽是般若三昧며 自在解脫이라 名無念行이어
니와 若百物을 不思하야 當令念絶케하면 卽是
法縛이라 卽名邊見이니라

善知識아 悟無念法者는 萬法盡通하며 悟無
念法者는 見諸佛境界하며 悟無念法者는 至

佛地位이니라
불 지 위

善知識아 後代에 得吾法者는 將此頓敎法門
선 지 식   후 대   득 오 법 자   장 차 돈 교 법 문

하야 於同見同行에 發願受持니 如事佛故며
     어 동 견 동 행   발 원 수 지   여 사 불 고

終身而不退者는 定入聖位하리라 然, 須傳授
종 신 이 불 퇴 자   정 입 성 위   연 수 전 수

從上以來의 默傳分付하야 不得匿其正法이니
종 상 이 래   묵 전 분 부   부 득 익 기 정 법

若不 同見同行하야 在別法中인댄 不得傳付니
약 부 동 견 동 행   재 별 법 중   부 득 전 부

損彼前人하야 究境無益이니라 恐愚人이 不解
손 피 전 인   구 경 무 익   공 우 인   불 해

하고 謗此法門하야 百劫千生에 斷佛種性일까
     방 차 법 문   백 겁 천 생   단 불 종 성

하노라

善知識아 吾有一無相頌하니 各須誦取하야 在
선 지 식   오 유 일 무 상 송   각 수 송 취   재

家出家에 但依此修하라 若不自修하고 惟記吾
가 출 가   단 의 차 수   약 불 자 수   유 기 오

言하면 亦無有益하리라 聽吾頌하라 曰
언　　역무유익　　　　청오송　　　왈

說通及心通하면　　如日處虛空하나니
설통급심통　　　　여일처허공

唯傳見性法하야　　出世破邪宗이로다
유전견성법　　　　출세파사종

法卽無頓漸이언만　迷悟有遲疾하나니
법즉무돈점　　　　미오유지질

只此見性門을　　　愚人不可悉이로다
지차견성문　　　　우인불가실

說卽雖萬般이나　　合理還歸一하나니
설즉수만반　　　　합리환귀일

煩惱暗宅中에　　　常須生慧日하라
번뇌암택중　　　　상수생혜일

邪來煩惱至요　　　正來煩惱除니
사래번뇌지　　　　정래번뇌제

邪正俱不用하면　　淸淨至無餘히리라
사정구불용　　　　청정지무여

菩提本自性은　　　起心卽是妄이라
보리본자성　　　　기심즉시망

淨心在妄中하니 但正無三障하리라
정심재망중 단정무삼장

世人若修道하면 一切盡不妨하나니라
세인약수도 일체진불방

常自見己過하야 與道即相當하면
상자견기과 여도즉상당

色類自有道라 各不相妨惱어늘
색류자유도 각불상방뇌

離道別覓道하야 終身不見道하고
이도별멱도 종신불견도

波波度一生하야 到頭還自澳로다
파파도일생 도두환자오

欲得見眞道인댄 行正即是道니
욕득견진도 행정즉시도

自若無道心이면 闇行不見道하리라
자약무도심 암행불견도

若眞修道人인댄 不見世間過하나니
약진수도인 불견세간과

若見他人非하면 自非却是左니라
약견타인비 자비각시좌

他非我不非라면 我非自有過니
타비아불비 아비자유과

但自却非心하야 打除煩惱破하고
단 자 각 비 심　　　타 제 번 뇌 파

憎愛不關心하면 長伸兩脚臥하리라
증 애 불 관 심　　　장 신 양 각 와

欲擬化他人인댄 自須有方便하니
욕 의 화 타 인　　　자 수 유 방 편

勿令彼有疑하면 卽是自性現하리라
물 령 피 유 의　　　즉 시 자 성 현

佛法在世間하야 不離世間覺이니
불 법 재 세 간　　　불 리 세 간 각

離世覓菩提하면 恰如求兎角이니라
이 세 멱 보 리　　　흡 여 구 토 각

正見名出世요 邪見是世間인데
정 견 명 출 세　　　사 견 시 세 간

邪正盡打却하면 菩提性宛然하리라
사 정 진 타 각　　　보 리 성 완 연

此頌是頓敎이니 亦名大法船이니라
차 송 시 돈 교　　　역 명 대 법 선

迷聞經累劫이오 悟卽刹那間이니리
미 문 경 누 겁　　　오 즉 찰 나 간

師가 復曰 今於大梵寺에 說此頓教하니 普願
法界衆生이 言下에 見性成佛이로라 時에 韋使
君이 與官僚道俗으로 聞師所說하고 無不省悟
하야 一時에 作禮하고 皆歎善哉라 何期嶺南에
有佛出世리오하니라

第三 疑問品
제삼 의문품

一日은 韋刺史가 爲師하야 設大會齋하고 齋訖
일시   위자사   위사   설대회재   재흘

에 刺史가 請師陞座하고 同官僚士庶로 肅容
   자사   청사승좌   동관료사서   숙용

再拜하야 問曰弟子가 聞和尙說法하오니 實不
재배   문왈제자   문화상설법   실불

可思議라 今有少疑오니 願大慈悲로 特爲解
가사의   금유소의   원대자비   특위해

說하소서
설

師曰 有疑卽問하라 吾當爲說하리라 韋公이 曰
사왈 유의즉문   오당위설   위공   왈

和尙의 所說이 可不是達磨大師의 宗旨乎이니까
화상   소설   가불시달마대사   종지호

師曰, 是니라 公이 曰, 弟子가 聞達磨初化梁
사왈 시   공   왈 제자   문달마초화양

武帝할세 帝가 問云朕이 一生에 造寺供僧하고
무제   제   문운짐   일생   조사공승

布施設齊하였으니 有何功德이니잇고 達磨가 言
보시설재　　　　유하공덕　　　　　달마　언

하사대 實無功德이라하시니 弟子가 未達此理이오니
　　　실무공덕　　　　　제자　미달차리

願和尙은 爲說하소서
원화상　위설

師曰 實無功德이니 勿疑先聖之言하라
사왈 실무공덕　　　물의선성지언

武帝가 心邪하야 不知正法하고 造寺供養하며
무제　심사　　　부지정법　　　조사공양

布施設齊하니 名爲求福이라 不可將福하야 便
보시설재　　명위구복　　　불가장복　　　변

爲功德이니 功德은 在法身中이오 不在修福이니라
위공덕　　공덕　재법신중　　　부재수복

師가 又曰 見性이 是功이오 平等이 是德이니 念
사　우왈 견성　시공　　　평등　시덕　　　염

念無滯하야 常見本性의 眞實妙用이 名爲功德
념무체　　상견본성　　진실묘용　　명위공덕

이니라

內心謙下가 是功이오 外行於禮가 是德이며 自
내심겸하　시공　　　외행어례　시덕　　　자

性이 建立萬法이 是功이오 心體離念이 是德이며
성   건립만법   시공   심체이념   시덕

不離自性이 是功이요 應用無染이 是德이니 若
불리자성   시공   응용무염   시덕   약

覓功德法身인댄 但依此作이 是眞功德이니라
멱공덕법신   단의차작   시진공덕

若修功德之人인댄 心卽不輕하고 常行普敬
약수공덕지인   심즉불경   상행보경

하나니 心常輕人하야 吾我를 不斷하면 卽自無
      심상경인   오아   부단   즉자무

功이오 自性이 虛妄不實하면 卽自無德이니 爲
공   자성   허망부실   즉자무덕   위

吾我自大하야 常輕一切故니라
오아자대   상경일체고

善知識아 念念無間이 是功이오 心行平直이 是
선지식   염념무간   시공   심행평직   시

德이며 自修性이 是功이오 自修身이 是德이니라
덕   자수성   시공   자수신   시덕

善知識아 功德은 須自性內見이니 不是布施供
선지식   공덕   수자성내견   불시보시공

養之所求也라 是以로 福德이 與功德으로 別이니
양지소구야   시이   복덕   여공덕   별

武帝가 不識眞理언정 非我祖師가 有過니라
무제   불식진리   비아조사   유과

又問弟子가 常見僧俗이 念阿彌陀佛하야 願生
우문제자   상견승속   염아미타불   원생

西方하옵는데 請和尙은 說하소서 得生彼否이까
서방   청화상   설   득생피부

願爲破疑하소서 師가 言하사대 使君아 善聽하라
원위파의   사   언   사군   선청

慧能이 與說하리라
혜능   여설

世尊이 在舍衛城中하사 說西方引化하시대 經
세존   재사위성중   설서방인화   경

文에 分明去此不遠이라하시고 若論相說인댄
문   분명거차불원   약논상설

里數가 有十萬八千이라하시니 卽身中에 十惡
이수   유십만팔천   즉신중   십악

八邪 便是說遠이니 說遠은 爲其下根이요 說
팔사 변시설원   설원   위기하근   설

近은 爲其上智니 人有兩種이나 法無兩般일새
근   위기상지   인유양종   법무양반

迷悟가 有殊하야 見有遲疾이라 迷人은 念佛로
미오   유수   견유지질   미인   염불

282 육조단경

求生於彼어니와 悟人은 自淨其心하나니 所以
구생어피   오인   자정기심   소이

로 佛言하사대 隨其心淨하야 卽佛土淨이라하시
  불언   수기심정   즉불토정

니라

使君아 東方人이라도 但心淨하면 卽無罪요 雖
사군   동방인   단심정   즉무죄   수

西方人이라도 心不淨하면 亦有愆이니 東方人이
서방인   심부정   역유건   동방인

造罪하면 念佛로 求生西方이어니와 西方人이
조죄   염불   구생서방   서방인

造罪하면 念佛로 求生何國고 凡愚는 不了自
조죄   염불   구생하국   범우   불료자

性하고 不識身中淨土하야 願東願西나 悟人은
성   불식신중정토   원동원서   오인

在處一般이라 所以로 佛言하사대 隨所住處하야
재처일반   소이   불언   수소주처

恒安樂이라하시니라
항안락

使君아 心地에 但無不善하면 西方이 去此不
사군   심지   단무불선   서방   거차불

第三 疑問品 283

遙어니와 若懷不善之心하면 念佛로 往生難到
요   약회불선지심   염불   왕생난도

니라 今勸善知識하노니 先除十惡하면 卽行十
    금권선지식   선제십악   즉행십

萬이요 後除八邪하면 乃過八千이니 念念見性
만   후제팔사   내과팔천   염념견성

하야 常行平直하면 到如彈指 便覩彌陀하리라
     상행평직   도여탄지 변도미타

使君아 但行十善하면 何須更願往生이며 不斷
사군   단행십선   하수갱원왕생   부단

十惡之心하면 何佛이 卽來迎請이리요 若悟無
십악지심   하불   즉래영청   약오무

生頓法하면 見西方이 只在剎那로되 不悟하면
생돈법   견서방   지재찰나   불오

念佛求生하야도 路遙어니 如何得達이리오
염불구생   로요   여하득달

慧能이 與諸人으로 移西方於剎那間하야 目前에
혜능   여제인   이서방어찰나간   목전

便見케하리니 各願見否아 衆皆頂禮云하대 若
변견   각원견부   중개정례운   약

此處見인댄 何須更願往生하오리까 願和尙은
차처견   하수갱원왕생   원화상

慈悲로 便現西方하야 普令得見케하소서
자비   변현서방   보령득견

師가 言하사대 大衆아 世人의 自色身은 是城
사   언   대중   세인   자색신   시성
이요 眼耳鼻舌은 是門이니 外有五門하고 內有
    안이비설   시문   외유오문   내유
意門하며 心是地요 性是王이라 王居心地上하나니
의문   심시지   성시왕   왕거심지상
性在면 王在요 性去하면 王無라 性在면 身心
성재 왕재 성거   왕무   성재   신심
存하고 性去면 身心壞니 佛向性中作이언정 莫
존   성거 신심괴   불향성중작   막
向身外求니라
향신외구

自性을 迷하면 卽是衆生이요 自性을 覺하면 卽
자성 미   즉시중생   자성   각   즉
是佛이니 慈悲는 卽是觀音이요 喜捨는 名爲勢
시불   자비 즉시관음   희사   명위세
至며 能淨은 卽釋迦요 平直은 卽彌陀며 人我는
지   능정 즉석가   평직   즉미타   인아
是須彌요 邪心은 是海水요 煩惱는 是波浪이며
시수미 사심 시해수   번뇌   시파랑

毒害는 是惡龍이요 虛妄은 是鬼神이며 塵勞는
독해   시악룡   허망   시귀신   진로

是魚鼈이요 貪瞋은 是地獄이며 愚癡는 是畜生
시어별   탐진   시지옥   우치   시축생

이라

善知識아 常行十善하면 天堂이 便至하고 除人
선지식   상행십선   천당   변지   제인

我하면 須彌倒하고 無邪心하면 海水竭하고 煩
아   수미도   무사심   해수갈   번

惱無하면 波浪이 滅하고 毒害가 除하면 魚龍이
뇌무   파랑   멸   독해   제   어룡

絶이니 自心地上에 覺性如來가 放大光明하야
절   자심지상   각성여래   방대광명

外照六門淸淨하야 能破六欲諸天하고 自性內
외조육문청정   능파육욕제천   자성내

照하야 三毒卽除하면 地獄等罪가 一時消滅하고
조   삼독즉제   지옥등죄   일시소멸

內外明徹하야 不異西方이어니와 不作此修하면
내외명철   불이서방   부작차수

如何到彼리오
여하도피

大衆이 聞說하고 了然見性하야 悉皆禮拜하고
대중   문설   요연견성   실개예배

俱歎善哉하야 唱言호대 普願法界衆生이 聞者가
구탄선재   유언   보원법계중생   문자

一時悟解하야지이다
일시오해

師言하사대 善知識아 若欲修行인댄 在家亦得
사언   선지식   약욕수행   재가역득

이라

不由在寺니 在家能行하면 如東方人心善이요
불유재사   재가능행   여동방인심선

在寺不修하면 如西方人心惡이니 但心淸淨하면
재사불수   여서방인심악   단심청정

卽是自性西方이니라
즉시자성서방

韋公이 又問호대 在家하여 如何修行하리잇고
위공   우문   재가   여하수행

願爲敎授하소서
원위교수

師言하사대 吾與大衆으로 作無相頌하리니 但
사언   오여대중   작무상송   단

第三 疑問品 287

依此修하면 常與吾로 同處無別이어니와 若不
의차수   상여오   동처무별   약불

依此修하면 剃髮出家인들 於道에 何益이리오
의차수   체발출가   어도   하익

頌曰
송 왈

心平何勞持戒며   行直何用修禪가
심평하노지계   행직하용수선

恩卽孝養父母하고   義卽上下相憐하며
은즉효양부모   의즉상하상련

讓卽尊卑和睦하고   忍卽衆惡無喧이니
양즉존비화목   인즉중악무훤

若能鑽木出火하면   淤泥定生紅蓮하리라
약능찬목출화   어니정생홍련

苦口的是良藥이요   逆耳必是忠言이니
고구적시양약   역이필시충언

改過必生智慧하고   護短心內非賢이니라
개과필생지혜   호단심내비현

日用常行饒益하라   成道非由施錢이니라
일용상행요익   성도비유시전

菩提只向心覓이어늘 何勞向外求玄이리요
보 제 지 향 심 멱   하 노 향 외 구 현

聽說依此修行하면 西方只在目前이니라
청 설 의 차 수 행   서 방 지 재 목 전

師가 復曰 善知識아 總須依偈修行하야 見取
사   부 왈 선 지 식   총 수 의 게 수 행   견 취

自性하면 直成佛道하리라 法不相待니 衆人은
자 성   직 성 불 도   법 부 상 대   중 인

且散하라 吾歸曹溪하리니 衆苦有疑어든 却來
차 산   오 귀 조 계   중 고 유 의   각 래

相問하라 時에 刺史官僚와 在會善男善女가
상 문   시   자 사 관 료   재 회 선 남 선 녀

各得開悟하야 信受奉行하니라
각 득 개 오   신 수 봉 행

第三 疑問品

第四 定慧品
제사 정혜품

師가 示衆云 善知識아 我此法門은 以定慧로
사   시중운 선지식   아차법문   이정혜

爲本이니 大衆은 勿迷하야 言定慧別이어다 定
위본   대중   물미   언정혜별   정

慧는 一體요 不是二니 定是慧體요 慧是定用
혜   일체 불시이   정시혜체   혜시정용

이라 卽慧之時에 定在慧하고 卽定之時에 慧在
    즉혜지시 정재혜   즉정지시   혜재

定이니 若識此義하면 卽是定慧等學이니라 諸
정   약식차의   즉시정혜등학   제

學道人은 莫言先定發慧하며 先慧發定이 各
학도인 막언선정발혜   선혜발정   각

別이니 作此見者는 法有二相이라 口說善語하되
별   작차견자   법유이상   구설선어

心中不善이니 空有定慧나 定慧不等이어니와
심중불선   공유정혜 정혜부등

若心口俱善하면 內外一種이라 定慧卽等하리라
약심구구선   내외일여   정혜즉등

自悟修行은 不在於諍이니 若諍先後하면 卽同
迷人이라 不斷勝負일새 却增我法하야 不離四
相이니라

善知識아 定慧는 猶如何等고 猶如燈光하니
有燈卽光이요 無燈卽暗이라 燈是光之體요
光是燈之用일새 名雖有二나 體本同一이니
此定慧法도 亦復如是하니라

師示衆云 善知識아 一行三昧者는 於一切處
行住坐臥에 常行一直心이 是也니 如淨名經에
云直心이 是道場이요 直心이 是淨土라하시니
莫心行이 諂曲하면서 口但說直하거늘 口說一

行三昧하면서 不行直心하고 但行直心하야 於
행삼매   불행직심   단행직심   어

一切法에 勿有執著이어다
일체법   물유집착

迷人은 著法相일새 執一行三昧하야 直言 坐
미인   착법상   집일행삼매   직언 좌

不動하고 妄不起心함이 卽是一行三昧라하나니
부동   망불기심   즉시일행삼매

作此解者는 卽同無情이라 却是障道因緣이니라
작차해자   즉동무정   각시장도인연

善知識아 道須通流어니 何以却滯리요 心不住
선지식   도수통류   하이각체   심부주

法하면 道卽通流어니와 心若住法하면 名爲自
법   도즉통류   심약주법   명위자

縛이니 若言常坐不動이 是라하면 只如舍利弗이
박   약언상좌부동   시라하면 지여사리불

宴坐林中이라가 却被維摩詰訶니라
연좌림중   각피유마힐가

善知識아 又有人이 敎坐하되 看心 觀靜하고
선지식   우유인   교좌   간심 관정

不動不起하야 從此置功이라하면 迷人이 不會
부동불기   종차치공   미인   불회

하고 便執成顚하나니 如此者衆이라 如是相教는
변집성전   여차자중   여시상교

故知大錯이니라
고지대착

師示衆云, 善知識아 本來正教는 無有頓漸
사시중운   선지식   본래정교   무유돈점

이언마는 人性이 自有利鈍일새 迷人은 漸契하고
         인성   자유이둔   미인   점계

悟人은 頓修하야 自識本心하며 自見本性하야
오인   돈수   자식본심   자견본성

卽無差別이니 所以로 立頓漸之假名이니라
즉무차별   소이   입돈점지가명

善知識아 我此法門은 從上以來로 先立無念
선지식   아차법문   종상이래   선립무념

爲宗하고 無相爲體하고 無住爲本이니 無相者는
위종   무상위체   무주위본   무상자

於相而離相이요 無念者는 於念而無念이요 無
어상이이상   무념자   어념이무념   무

住者는 人之本性이 於世間善惡好醜와 乃至
주자   인지본성   어세간선악호추   내지

寃之與親과 言語觸刺欺爭之時에 竝將爲空
원지여친   언어촉자기쟁지시   병장위공

第四 定慧品

하야 不思酬害하야 念念之中에 不思前境이니
　　　불사수해　　　염념지중　　불사전경

若 前念今念後念이 念念相續不斷하면 名爲
약 전념금념후념　 염념상속부단　　　명위

繫縛이요 於諸法上에 念念不住하면 卽無縛也니
계박　　어제법상　　염념부주　　　즉무박야

此是以無住로 爲本이니라
차시이무주　　위본

善知識아 外離一切相이 名爲無相이라 能離
선지식　 외리일체상　 명위무상　　　능리

於相하면 卽法體淸淨이니 此是以無相으로 爲
어상　　 즉법체청정　　 차시이무상　　　위

體니라
체

善知識아 於諸境上에 心不染曰無念이라 於
선지식　 어제경상　　심불염왈무념　　 어

自念上에 常離諸境하야 不於境上에 生心이니
자념상　 상리제경　　　불어경상　　생심

若只百物을 不思하야 念盡除却인댄 一念이 絶
약지백물　 불사　　　염진제각　　 일념　절

하면 卽死하야 別處受生하리니 是爲大錯이라
　　 즉사　　 별처수생　　　　시위대착

學道者는 思之니라

若不識法意인댄 自錯은 猶可어니와 更勸他人하며 自迷不見하고 又謗佛經하나니 所以로 立無念爲宗이니라

善知識아 云何立無念爲宗고 只緣口說見性이니 迷人은 於境上에 有念하고 念上에 便起邪見하야 一切塵勞妄想이 從此而生하나니 自性이 本無一法可得이어늘 若有所得하야 妄說禍福하면 卽是塵勞邪見이라 故此法門은 立無念爲宗이니라

善知識아 無者는 無何事며 念者는 念何物고

無者는 無二相이니 無諸塵勞之心이며 念者는
무자 무이상   무제진로지심   염자

念眞如本性이니 眞如는 卽是念之體요 念은
염진여본성   진여 즉시념지체 염

卽是眞如之用이라
즉시진여지용

眞如資性이 起念이요 非眼耳鼻舌이 能念이니
진여자성 기념   비안이비설   능념

眞如有性일새 所以로 起念이어니와 眞如若無
진여유성   소이 기념   진여약무

하면 眼耳色聲이 當時卽壞니라
   안이색성 당시즉괴

善知識아 眞如自性이 起念하면 六根이 雖有
선지식 진여자성 기념   육근 수유

見聞覺知나 不染萬境하고 而眞性이 常自在니
견문각지 불염만경   이진성 상자재

故로 云能善分別諸法相호대 於第一義에 而
고 운능선분별제법상   어제일의 이

不動이라하시니라
부동

第五 坐禪品
제오 좌선품

師示衆云此門坐禪은 元不著心이며 亦不著
사시중운차문좌선 원불착심 역불착

淨이며 亦不是不動이니 若言著心인댄 心元是
정 역불시부동 약언착심 심원시

妄이라 知心如幻故로 無所著也니라
망 지심여환고 무소착야

若言著淨인댄 人性이 本淨이언만 由妄念故로
약언착정 인성 본정 유망념고

盖覆眞如니 但無妄想하면 性自淸淨이라 起心
개복진여 단무망상 성자청정 기심

著淨하면 却生淨妄하나니 妄無處所라 著者是
착정 각생정망 망무처소 착자시

妄이며 淨無形相이라 却立淨相하야 言是工夫
망 정무형상 각입정상 언시공부

인댄 作此見者는 障自本性하야 却被淨縛하리라
작차견자 장자본성 각피정박

善知識아 若修不動者인댄 但見一切人時에
선지식 약수부동자 단견일체인시

不見人之是非善惡過患하면 卽是自性不動이
불견인지시비선악과환   즉시자성부동

니라

善知識아 迷人은 身雖不動이나 開口하면 便說
선지식   미인   신수부동   개구   변설

他人의 是非長短好惡하야 與道違背하나니 若
타인   시비장단호악   여도위배   약

著心著淨하면 卽障道也리라
착심착정   즉장도야

師가 示衆云 善知識아 何名坐禪고 此法門中에
사 시중운 선지식 하명좌선 차법문중

無障無礙하야 外於一切善惡境界에 心念不
무장무애   외어일체선악경계   심념불

起함이 名爲坐요 內見自性不動이 名爲禪이니라
기   명위좌   내견자성부동 명위선

善知識 何名禪定고 外離相이 爲禪이요 內不
선지식 하명선정 외리상   위선   내불

亂이 爲定이니 外若著相하면 內心卽亂이요 外
란 위정   외약착상   내심즉란   외

若離相하면 心卽不亂이라
약리상   심즉불란

本性이 自淨自定이언마는 只爲見境思境하야
卽亂이니 若見諸境하되 心不亂者는 是眞定也
니라

善知識아 外離相이 卽禪이오 內不亂이 卽定
이니 外禪內定이 是爲禪定이라

淨名經에 云 卽時豁然하면 還得本心이라하셨고

菩薩戒經에 云 我本性이 元自淸淨이라하셨으니

善知識아 於念念中에 自見本性淸淨하야 自
修自行하면 自成佛道하리라

第六 懺悔品
제육 참회품

時에 大師가 見廣韶二郡과 洎西方士庶가 騈
시   대사   견광소이군   계서방사서   병

集山中하야 聽法하시고 於是에 陞座告衆曰來
집산중   청법   어시   승좌고중왈래

하라

諸善知識아 此性은 須從自性中起니 於一切
제선지식   차성   수종자성중기   어일체

時에 念念自淨其心하야 自修自行하라 見自己
시   염념자정기심   자수자행   견자기

法身하고 見自心佛하야 自度自戒하야 始得이니
법신   견자심불   자도자계   시득

不假到此니라
불가도차

旣從遠來하야 一會于此하니 皆共有緣이라 今
기종원래   일회우차   개공유연   금

可各各胡跪하라 先爲傳自性五分法身香하고
가각각호궤   선위전자성오분법신향

次授無相懺悔하리라
차 수 무 상 참 회

衆이 胡跪어늘 師가 曰一은 戒香이니 卽自心中에
중   호 궤   사   왈 일   계 향   즉 자 심 중

無非 無惡하며 無嫉妬하며 無貪瞋하며 無劫害가
무비 무악   무 질 투   무 탐 진   무 겁 해

名戒香이요
명 계 향

二는 定香이니 卽覩諸善惡境相이라도 自心不
이   정 향   즉 도 제 선 악 경 상   자 심 불

亂함이 名定香이니라
난   명 정 향

三은 慧香이니 自心無礙하야 常以智慧로 觀照
삼   혜 향   자 심 무 애   상 이 지 혜   관 조

自性하야 不造諸惡하며 雖修衆善이라도 心不
자 성   부 조 제 악   수 수 중 선   심 불

執著하고 敬上念下하며 矜恤孤貧함이 名慧香
집 착   경 상 념 하   긍 휼 고 빈   명 혜 향

이니라

四는 解脫香이니 卽自心에 無所攀緣하야 不思
사   해 탈 향   즉 자 심   무 소 반 연   불 사

善不思惡하야 自在無礙함이 名解脫香이니라
선불사악   자재무애   명해탈향

五는 解脫知見香이니 自心에 旣無所攀緣善
오   해탈지견향   자심   기무소반연선

惡호대 不可沈空守寂하고 卽須廣學多聞하야
악   불가침공수적   즉수광학다문

識自本心하며 達諸佛理하야 和光接物하되 無
식자본심   달제불리   화광접물   무

我無人하야 直至菩提의 眞性不易함이 名解脫
아무인   직지보리   진성불역   명해탈

知見香이니라
지견향

善知識아 此香은 各自內薰이요 莫向外覓이니라
선지식   차향   각자내훈   막향외멱

今與汝等으로 授無相懺悔하야 滅三世罪하고
금여여등   수무상참회   멸삼세죄

令得三業淸淨케하리니
영득삼업청정

善知識아 各隨語하야 一時道하되 弟子等이 從
선지식   각수어   일시도   제자등   종

前念今念及後念으로 念念에 不被愚迷染하고
전념금념급후념   염념   불피우미염

從前所有惡業愚迷等罪를 悉皆懺悔하오니 願
종전소유악업우미등죄 실개참회 원

一時消滅하야 永不復起케하시며 弟子等이 從
일시소멸 영불부기 제자등 종

前念今念及後念으로 念念에 不被憍誑染하고
전념금념급후념 염념 불피교광염

從前所有惡業 憍誑等罪를 悉皆懺悔하오니
종전소유악업 교광등죄 실개참회

願一時消滅하야 永不復起케하시며 弟子等이
원일시소멸 영불부기 제자등

從前念今念及後念으로 念念에 不被嫉妬染하
종전념금념급후념 염념 불피질투염

고 所有惡業嫉妬等罪를 悉皆懺悔하오니 願一
소유악업질투등죄 실개참회 원일

時消滅하야 永不復起하야지이다하라
시소멸 영불부기

善知識아 已上이 是爲無相懺悔니 云何名懺
선지식 이상 시위무상참회 운하명참

이며 云何名悔오 懺者는 懺其前愆이니 從前所
운하명회 참자 참기전건 종전소

有惡業愚迷, 憍誑 嫉妬等罪를 悉皆盡懺하오니
유악업우미 교광 질투등죄 실개진참

永不復起케함이 是名爲懺이오 悔者는 悔其後
영불부기　　　시명위참　　회자　회기후

過니 從今己後에 所有惡業愚迷憍誑嫉妬等
과　종금이후　소유악업우미교광질투등

罪를 今己覺悟하야 悉皆永斷하야 更不復作함이
죄　금기각오　　실개영단　　갱불부작

是名爲悔라 故稱懺悔니라
시명위회　고칭참회

凡夫는 愚迷하야 只知懺其前愆하고 不知悔其
범부　우미　　지지참기전건　　부지회기

後過하나니 以不悔故로 前愆이 不滅하고 後過
후과　　　이불회고　전건　불멸　　후과

又生이라 前愆이 旣不滅일새 後過復又生하나니
우생　　전건　기불멸　　후과부우생

何名懺悔리오
하명참회

善知識아 旣懺悔已하니 與善知識으로 發四弘
선지식　기참회이　　여선지식　　발사홍

誓願하리라 各須用心正聽하라
서원　　　각수용심정청

自心衆生無邊誓願度하며 自心煩惱無邊誓
자심중생무변서원도　　자심번뇌무변서

願斷하며
원 단

自性法門無盡誓願學하며 自性無上佛道誓願
자성법문무진서원학   자성무상불도서원

成이니라
성

善知識아 大家가 豈不道衆生無邊誓願度아
선지식   대가   기부도중생무변서원도

恁麼道는 且不是慧能度라
임마도   차불시혜능도

善知識의 心中衆生인 所謂邪迷心과 誑妄心과
선지식   심중중생   소위사미심   광망심

不善心과 嫉妬心과 惡毒心 如是等心이 盡是
불선심   질투심   악독심 여시등심   진시

衆生이니 各須自性自度함이 是名眞度라 何名
중생   각수자성자도   시명진도   하명

自性自度오
자성자도

即自心中에 邪見煩惱愚癡衆生을 將正見度니
즉자심중   사견번뇌우치중생   장정견도

既有正見이라 使般若智로 打破愚癡迷妄衆
기유정견   사반야지   타파우치미망중

第六 懺悔品 305

生하야 各各自度하되 邪來正度하고 迷來悟度하고 愚來智度하고 惡來善度니 如是度者라 名爲眞度니라

又煩惱無邊誓願斷은 將自性般若智하야 除却虛妄思想心이 是也니라 又法門無盡誓願學은 須自見性하야 常行正法이 是名眞學이니라

又無上佛道誓願成은 旣常能下心하야 行於眞正하고 離迷離覺하야 常生般若하며 除眞除妄하야 卽見佛性하면 卽言下에 佛道成이니 常念修行은 是願力法이니라

善知識아 今發四弘願了하니 更與善知識으로

授無相三歸依戒하리라
수 무 상 삼 귀 의 계

善知識아 歸依覺二足尊하며 歸依正離欲尊하며
선 지 식 귀 의 각 이 족 존   귀 의 정 이 욕 존

歸依淨衆中尊하야 從今日去로 稱覺爲師하고
귀 의 정 중 중 존   종 금 일 거   칭 각 위 사

更不歸依邪魔外道를 以自性三寶로 常自證
갱 불 귀 의 사 마 외 도   이 자 성 삼 보   상 자 증

明하라
명

勸善知識하야 歸依自性三寶케하노니 佛者는
권 선 지 식   귀 의 자 성 삼 보   불 자

覺也요 法者는 正也요 僧者는 淨也라
각 야 법 자 정 야 승 자 정 야

自心이 歸依覺하야 邪迷不生하고 少欲知足하야
자 심 귀 의 각   사 미 불 생   소 욕 지 족

能離財色함이 名兩足尊이요 自心이 歸依正하야
능 이 재 색   명 양 족 존   자 심 귀 의 정

念念無邪見하고 以無邪見故로 卽無人我貢
염 념 무 사 견 이 무 사 견 고 즉 무 인 아 공

高와 貪愛執著이 名離欲尊이요 自心이 歸依
고   탐 애 집 착 명 이 욕 존   자 심 귀 의

淨하야 一切塵勞愛慾境界에 自性이 皆不染
정   일체진노애욕경계에 자성   개불염

著함이 名衆中尊이니라
착   명중중존

若修此行하면 是自歸依어늘 凡夫는 不會하고
약수차행   시자귀의   범부   불회

從日至夜토록 受三歸戒하나니 若言歸依佛인댄
종일지야   수삼귀계   약언귀의불

佛在何處오 若不見佛인댄 憑何所歸리오 言却
불재하처 약불견불   빙하소귀   언각

成妄이로다
성망

善知識아 各自觀察하야 莫錯用心이니 經文에
선지식   각자관찰   막착용심   경문

分明言 自歸依佛하라하시고 不言歸依他佛
분명언 자귀의불   불언귀의타불

이시니 自佛에 不歸하면 無所依處니라
      자불 불귀   무소의처

今旣自悟인댄 各須歸依自心三寶하야 內調心
금기자오   각수귀의자심삼보   내조심

性하고 外敬他人하라 是自歸依也니라
성   외경타인   시자귀의야

善知識아 旣歸依自三寶竟하니 各各志心하라

吾與說一體三身自性佛하야 令汝等으로 見三身了然하야 自悟自性케하리니 總隨我道하되

於自色身에 歸依淸淨法身佛하며 於自色身에 歸依圓滿報身佛하며 於自色身에 歸依千百億化身佛하나이다하여라

善知識아 色身은 是舍宅이라 不可言歸向者니 三身佛은 在自性中하야 世人이 總有언마는 爲自心迷일새 不見內性하고 外覓三身如來하야 不見自身中에 有三身佛하나니 汝等은 聽說하라

令汝等으로 於自身中에 見自性에 有三身佛
영여등   어자신중   견자성   유삼신불

케하리니 此三身佛은 從自性生이라 不從外得
         차삼신불   종자성생   부종외득

이니라

何名淸淨法身고 世人이 性本淸淨하야 萬法이
하명청정법신   세인   성본청정   만법

從自性生이니 思量一切惡事하면 卽生惡行
종자성생   사량일체악사   즉생악행

하고 思量一切善事하면 卽生善行이라 如是諸
     사량일체선사   즉생선행   여시제

法이 在自性中함이 如天常淸에 日月이 常明
법   재자성중   여천상청   일월   상명

이언마는 爲浮雲의 蓋覆하야 上明下暗이라가 忽
         위부운   개복   상명하암   홀

遇風吹雲散하면 上下俱明하야 萬象이 皆現
우풍취운산   상하구명   만상   개현

이니 世人의 性常浮游함은 如彼天雲이니라
     세인   성상부유   여피천운

善知識아 智如日이오 慧如月이니 智慧常明
선지식   지여일   혜여월   지혜상명

이언마는 於外著境하야 被妄念浮雲의 蓋覆하야
　　　　어 외 착 경　　피 망 념 부 운　　개 복

自性이 不得明朗이라가 若遇善知識하야 聞眞
자 성　　부 득 명 랑　　　약 우 선 지 식　　　문 진

正法하고 自除迷妄하야 內外明徹하면 於自性
정 법　　　자 제 미 망　　내 외 명 철　　　어 자 성

中에 萬法이 皆現하나니 見性之人도 亦復如是라
중　　만 법　　개 현　　　견 성 지 인　　역 부 여 시

此名淸淨法身佛이니라
차 명 청 정 법 신 불

善知識아 自心이 歸依自性하면 是歸依眞佛
선 지 식　　자 심　　귀 의 자 성　　　시 귀 의 진 불

이니 自歸依者는 除却自性中에 不善心 嫉妬
　　　자 귀 의 자　　제 각 자 성 중　　불 선 심　질 투

心 憍慢心 吾我心 誑妄心 輕人心 慢他心
심　교 만 심　오 아 심　광 망 심　경 인 심　만 타 심

邪見心 貢高心과 及一切時中에 不善之行하야
사 견 심　공 고 심　　급 일 체 시 중　　불 선 지 행

常自見己過하고 不說他人好惡함이니 是自歸
상 자 견 기 과　　불 설 타 인 호 악　　　　시 자 귀

依하며 常須下心하야 普行恭敬하면 卽是見性
의　　　상 수 하 심　　　보 행 공 경　　　즉 시 견 성

通達하야 更無滯礙니 是自歸依니라
통달 갱무체애 시자귀의

何名圓滿報身고 若不思萬法하면 性本如空
하명원만보신 약불사만법 성본여공

이나 一念思量하면 名爲變化니 思量惡事하면
일념사량 명위변화 사량악사

化爲地獄이요 思量善事하면 化爲天堂이요 毒
화위지옥 사량선사 화위천당 독

害는 化爲龍蛇요 慈悲는 化爲菩薩이요 智慧는
해 화위룡사 자비 화위보살 지혜

化爲上界요 愚痴는 化爲下方이라 自性의 變
화위상계 우치 화위하방 자성 변

化甚多어늘 迷人이 不能省覺하고 念念起惡
화심다 미인 불능성각 염념기악

하야 常行惡道하나니 廻一念善하면 智慧卽生
상행악도 회일념선 지혜즉생

이라 此名自性化身佛이니라
차명자성화신불

何名圓滿報身고 譬如一燈이 能除千年闇하야
하명원만보신 비여일등 능여천년암

一智가 能滅萬年愚하나니 莫思向前하라 已過라
일지 능멸만년우 막사향전 이과

不可得이니 常思於後하야 念念圓明하야 自見
불가득   상사어후   염념원명   자견

本性하면 善惡이 雖殊나 本性은 無二라 無二
본성   선악 수수   본성   무이   무이

之性이 名爲實性이라 於實性中에 不染善惡
지성   명위실성   어실성중   불염선악

함이 此名圓滿報身佛이니라
    차명원만보신불

自性에 起一念惡하면 滅萬劫善因이요 自性에
자성   기일념악   멸만겁선인   자성

起一念善하면 得恒沙惡盡이니 直至無上菩提
기일념선   득항사악진   직지무상보리

하야 念念自見하야 不失本念함이 名爲報身이니라
    염념자견   불실본념   명위보신

善知識아 從法身思量하면 卽是化身佛이요 念
선지식   종법신사량   즉시화신불   염

念에 自性을 自見하면 卽是報身佛이요 自悟自
념   자성 자견   즉시보신불   자오자

修하는 自性功德이 是眞歸依니라
수   자성공덕   시진귀의

皮肉은 是色身이요 色身은 是舍宅이라 不言歸
피육   시색신   색신   시사택   불언귀

依也니 但悟自性三身이라야 卽識自性佛이니라
의야   단오자성삼신   즉식자성불

吾有一無相頌하니 若能誦持하면 言下에 令汝로
오유일무상송   약능송지   언하   영여

積劫迷罪를 一時消滅하리라 頌曰
적겁미죄   일시소멸   송왈

迷人修福不修道하고　只言修福便是道라하나니
미인수복불수도　　　지언수복변시도

布施供養福無邊이라도　心中三惡元來造로다
보시공양복무변　　　　심중삼악원래조

擬將修福欲滅罪인댄　後世得福罪還在니
의장수복욕멸죄　　　후세득복죄환재

但向心中除罪緣하면　各自性中眞懺悔니라
단향심중제죄연　　　각자성중진참회

忽悟大乘眞懺悔하야　除邪行正卽無罪니
홀오대승진참회　　　제사행정즉무죄

學道常於自性觀하면　卽與諸佛同一類리라
학도상어자성관　　　즉여제불동일류

吾祖惟傳此頓法하사　普願見性同一體하시니
오조유전차돈법　　　보원견성동일체

若欲當來覓法身인댄　離諸法相心中洗니라
약욕당래멱법신　　　이제법상심중세

努力自見莫悠悠하라　後念忽絶一世休니
노력자견막유유　　　후념홀절일세휴

若悟大乘得見性인댄　虔恭合掌至心求니라
약오대승득견성　　　건공합장지심구

師言하사대 善知識아 總須誦取하야 依此修行
사언　　　　선지식　　총수송취　　　의차수행

하라 言下에 見性하면 雖去吾千里라도 如常在
　　　언하　견성　　　수거오천리　　　　여상재

吾邊이어니와 於此言下에 不悟하면 卽對面千
오변　　　　　어차언하　　불오　　　　즉대면천

里리니 何勤遠來리오 珍重好去하라
리　　　하근원래　　　진중호거

一衆이 聞法하고 靡不開悟하야 歡喜奉行하니라
일중　　문법　　　미불개오　　　환희봉행

第六　懺悔品

第七 機緣品
제칠 기연품

師自黃梅得法하사 回至韶州曹侯村하시니 人
사자황매득법 회지소주조후촌 인

無知者하고 有儒士劉志略이 禮遇甚厚러니 志
무지자 유유사유지략 예우심후 지

略이 有姑爲尼하니 名이 無盡藏이라
략 유고위니 명 무진장

常誦大涅槃經이러니 師가 暫聽하시고 卽知妙
상송대열반경 사 잠청 즉지묘

義하사 遂爲解說하시니 尼乃執卷問字어늘 師가
의 수위해설 니내집권문자 사

曰 字卽不識이나 義卽請問하노라
왈 자즉불식 의즉청문

尼가 曰 字尙不識이어니 曷能會義리요
니 왈 자상불식 갈능회의

師가 曰 諸佛妙理는 非關文字니라 尼가 驚異
사 왈 제불묘리 비관문자 니 경이

之하야 遍告里中耆德云하되 此是有道之士
지 변고리중기덕운 차시유도지사

이니 **宜請供養**이라하니 **有晉武侯玄孫曹叔良**과
　　　의 청 공 양　　　　유 진 무 후 현 손 조 숙 량

及居民이 **競來瞻禮**러라
급 거 민　 경 래 첨 례

時에 **寶林古寺**가 **自隋末兵火**로 **已廢**러니 **遂**
시　　보 림 고 사　　자 수 말 병 화　　이 폐　　　수

於故基에 **重建梵宇**하고 **延師居之**하니 **俄成寶**
어 고 기　　중 건 범 우　　　연 사 거 지　　아 성 보

坊이라 **師住**가 **九月餘日**에 **又爲惡黨**의 **尋逐**하야
방　　　사 주　　구 월 여 일　　우 위 악 당　　심 축

師乃遁于前山이라가 **被其縱火焚燒草木**하야
사 내 둔 우 전 산　　　　피 기 종 화 분 소 초 목

師가 **隱身挨入石中**하야 **得免**이러시니 **石**이 **於**
사　　은 신 애 입 석 중　　　득 면　　　　　　석　　어

是에 **有師趺坐膝痕**과 **及衣布之紋**이라 **因名**
시　　유 사 부 좌 슬 흔　　급 의 포 지 문　　　인 명

避難石이라하니라 **師憶五祖**의 **悔會止藏之囑**
피 난 석　　　　　　사 억 오 조　　회 회 지 장 지 촉

하시고 **遂行**하야 **隱于二邑焉**하시니라
　　　　수 행　　　은 우 이 읍 언

一僧法海는 **韶州曲江人也**라 **初參祖師**하고
일 승 법 해　　소 주 곡 강 인 야　　초 참 조 사

第七　機緣品　317

問曰 卽心卽佛을 願垂指諭하소서
문왈 즉심즉불 원수지유

師가 曰 前念不生이 卽心이요 後念不滅이 卽
사 왈 전념불생 즉심   후념부멸 즉

佛이며 成一切相이 卽心이요 離一切相이 卽佛
불   성일체상 즉심   이일체상 즉불

이니 吾若具說인댄 窮劫不盡하리라 聽吾偈하라
   오약구설   궁겁부진   청오게

曰
왈

卽心名慧요   卽佛乃定이니
즉심명혜   즉불내정

定慧等持하면 意中淸淨하리라
정혜등지   의중청정

悟此法門은   由汝習性이니
오차법문   유여습성

用本無生이라 雙修是正이니라
용본무생   쌍수시정

法海가 言下에 大悟하야 以偈讚曰하되
법해   언하   대오   이게찬왈

卽心元是佛이어늘 不悟而自屈이로다
즉심원시불   불오이자굴

我知定慧因하야   雙修離諸物이로다
아지정혜인   쌍수이제물

僧法達은 洪州人이라 七歲에 出家하야 常誦法
승법달   홍주인   칠세   출가   상송법
華經이러니 來禮祖師하되 頭不至地어늘 師가
화경   내례조사   두불지지   가
訶曰禮不投地하니 何如不禮리오 汝心中에 必
가왈예불투지   하여불례   여심중   필
有一物하니 蘊習何事耶아 曰 念法華經하야
유일물   온습하사야   왈 염법화경
已及三千部호이다
이급삼천부

祖가 曰汝若念至萬部하야 得其經意라도 不以
조   왈여약념지만부   득기경의   불이

爲勝 卽與吾偕行이어니와 汝今負此事業하고
위승 즉여오해행　　　　　여금부차사업

都不知過하니 聽吾偈하라 曰
도부지과　　청오게　　　왈

禮本折慢幢이어늘　頭奚不至地오
예본절만당　　　　　두해부지지

有我罪卽生이요　　亡功福無比니라
유아죄즉생　　　　　망공복무비

師가 又曰 汝名什麽오 曰法達이니이다 師가 曰
사　우왈 여명십마　 왈법달　　　　　 사　왈

汝名法達이나 何曾達法이리오 復說偈 曰
여명법달　　　 하증달법　　　 부설게 왈

汝今名法達하니　　勤誦未休歇이로다
여금명법달　　　　　근송미휴헐

空誦但循聲이요　　明心號菩薩이니라
공송단순성　　　　　명심호보살

汝今有緣故로　　吾今爲汝說하노니
여금유연고　　　오금위여설

但信佛無言하면　蓮華從口發하리라
단신불무언　　　연화종구발

達이 聞偈悔謝曰 而今而後로 當謙恭一切
달　문게회사왈　이금이후　　당겸공일체
하리이다

弟子가 誦法華經호대 未解經義하야 心常有疑
제자　송법화경　　　미해경의　　　심상유의
하오니 和尙은 智慧廣大하시니 願略說經中義
　　　　화상　　지혜광대　　　　원략설경중의
理하소서
리

師曰 法達이 法卽心達이나 汝心不達이로다 經
사왈 법달　　법즉심달　　　여심부달　　　　경
本無疑어늘 汝心自疑니 汝念此經을 以何爲
본무의　　　여심자의　　여념차경　　이하위
宗고 達이 曰學人의 根性이 暗鈍하야 從來로
종　　달　왈학인　　근성　　암둔　　　종래

但依文誦念이어니 豈知宗趣리이까
단 의 문 송 념　　　기 지 종 취

師曰 吾不識文字하니 汝試取經하야 誦之之
사왈 오불식문자　　여시취경　　송지지

一徧하라 吾當爲汝解說하리라
일편　　오당위여해설

法達이 卽高聲念經하야 至譬喩品이어늘 師曰
법달　즉고성념경　　지비유품　　　사왈

止하라 此經은 元來以因緣出世로 爲宗이니 縱
지　　차경　원래이인연출세　위종　　종

說多種譬喩라도 亦無越於此니라
설다종비유　　역무월어차

何者因緣고 經에 云諸佛世尊이 唯以一大事因
하자인연　경　　운제불세존　유이일대사인

緣으로 出現於世라하시니 一大事者는 佛之知見
연　　출현어세　　　일대사자　불지지견

也라 世人이 外迷著相하고 內迷著空이어니와 若
야　세인　외미착상　　내미착공　　　약

能於相에 離相하고 於空 離空하면 卽是內外
능어상　이상　　어공 이공　　즉시내외

不迷니 若悟此法하야 一念心開하면 是爲開佛
불미　약오차법　　일념심개　　시위개불

知見이니라
지견

佛은 猶覺也라 分爲四門하니 開覺知見하며 示
불   유각야   분위사문   개각지견   시

覺知見하며 悟覺知見하며 入覺知見이라 若聞
각지견   오각지견   입각지견   약문

開示하고 便能悟入하면 卽覺知見의 本來眞性이
개시   변능오입   즉각지견   본래진성

而得出現이니 汝愼勿錯解經意하야 見他道開
이득출현   여신물착해경의   견타도개

示悟入하고 自是佛之知見이라 我輩는 無分이니
시오입   자시불지지견   아배   무분

若作此解하면 乃是謗經毁佛也니라 彼旣是佛
약작차해   내시방경훼불야   피기시불

이라 己具知見이어니 何用更開리오
    이구지견   하용갱개

汝今當信하라 佛知見者는 只汝自心이요 更無
여금당신   불지견자   지여자심   갱무

別佛이니라 蓋爲一切衆生이 自蔽光明하고 貪
별불   개위일체중생   자폐광명   탐

愛塵境하야 外緣內擾하야 甘受驅馳일새 便勞
애진경   외연내요   감수구치   변노

他世尊이 從三昧起하사 種種苦口로 勸令寢
타세존   종삼매기   종종고구   권령침

息이니 莫向外求하면 與佛無二故로 云開佛知
식   막향외구   여불무이고   운개불지

見이라하시니 吾亦勸一切人하되 於自心中에
견   오역권일체인   어자심중

常開佛之知見이어다
상개불지지견

世人이 心邪하야 愚迷造罪하야 口善心惡하야
세인   심사   우미조죄   구선심악

貪瞋嫉妬와 諂佞我慢으로 侵人害物하야 自開
탐진질투   첨녕아만   침인해물   자개

衆生知見하니 若能正心으로 常生智慧하야 觀
중생지견   약능정심   상생지혜   관

照自心하야 止惡行善하면 是自開佛之知見이라
조자심   지악행선   시자개불지지견

汝須念念에 開佛知見하고 勿開衆生知見하여라
여수염념   개불지견   물개중생지견

開佛知見하면 卽是出世요 開衆生知見하면 卽
개불지견   즉시출세   개중생지견   즉

是世間이니 汝若但勞勞執念으로 以爲功課者
시세간   여약단노노집념   이위공과자

인댄 何異犛牛愛尾리오 達이 曰 若然者인댄 但
得解義하면 不勞誦經耶이까

師가 曰 經有何過완대 豈障汝念이리오 只爲迷
悟在人하고 損益由己니 口誦心行하면 卽是轉
經이요 口誦心不行하면 卽是被經轉이니라 聽
吾偈하라 曰

心迷法華轉이요　　心悟轉法華니

誦經久不明하면　　與義作讐家하리라

無念念卽正이요　　有念念成邪니

有無俱不計하면　　長御白牛車하리라

達이 聞偈하고 不覺悲泣하고 言下 大悟하야 而
告師曰 法達이 從昔己來로 實未曾轉法華
하고 乃被法華轉하였나이다

再啓曰 經에 云 諸大聲聞과 乃至菩薩이 皆
盡思共度量하여도 不能測佛智라하옵거늘 今令
凡夫로 但悟自心하면 便名佛之知見이라하시니
自非上根이면 未免疑謗이로소이다

又經에 說三車하시니 羊鹿牛車가 與白牛之車로
如何區別이니잇고 願和尙은 再垂開示하소서

師가 曰 經意分明이어늘 汝自迷背로다 諸三乘
人이 不能測佛智者는 患在度量也니 饒伊盡

思共推라도 轉可縣遠이니라
사 공 추   전 가 현 원

佛이 本爲凡夫說이어늘 不爲佛說이니 此理를
불   본 위 범 부 설   불 위 불 설   차 리

若不肯信者는 從他退席이니 殊不知坐却白
약 불 긍 신 자 종 타 퇴 석   수 부 지 좌 각 백

牛車하야 更於門外에 覓三車로다 況經文에 明
우 거   갱 어 문 외   멱 삼 거   황 경 문   명

向汝道하시되 唯一佛乘이오 無有餘乘의 若二
향 여 도   유 일 불 승   무 유 여 승   약 이

若三이며 乃至無數方便과 種種因緣과 譬喩
약 삼   내 지 무 수 방 편 종 종 인 연   비 유

言詞가 是法이 皆爲一佛乘故라하시니 汝何不
언 사   시 법   개 위 일 불 승 고   여 하 불

省고 三車는 是假라 爲昔時故며 一乘은 是實
성   삼 거   시 가   위 석 시 고   일 승   시 실

이라 爲今時故니 只敎汝로 去假歸實케함이라
    위 금 시 고   지 교 여   거 가 귀 실

歸實之後에는 實亦無名이니 應知所有珍財가
귀 실 지 후   실 역 무 명   응 지 소 유 진 재

盡屬於汝라 由汝受用하되 更不作父想하고 亦
진 속 어 여   유 여 수 용   갱 부 작 부 상   역

第七 機緣品

不作子想하며 亦無用想이라야 是名持法華經
부작자상　　　역무용상　　　　시명지법화경

이라 從劫至劫토록 手不釋卷하며 從晝至夜
　　　종겁지겁　　　수불석권　　　종주지야

토록 無不念時也니라
　　　무불념시야

達이 蒙啓發하고 踊躍歡喜하야 以偈讚曰
달　 몽계발　　　용약환희　　　이게찬왈

經誦三千部가　　曹溪一句亡이로다
경송삼천부　　　조계일구망

未明出世旨하면　寧歇累生狂이리요
미명출세지　　　녕헐누생광

羊鹿牛勸設이요　初中後善揚이라
양녹우권설　　　초중후선양

誰知火宅內가　　元是法中王이리오
수지화택내　　　원시법중왕

師가 曰汝今後에 方可名念經僧也로다 達이
사　　왈여금후　방가명념경승야　　　 달

從此領玄旨하고도 亦不輟誦經이러라
종차령현지　　　　역불철송경

僧智通은 壽州安豊人이라 初看楞伽經을 約
승 지 통　　수 주 안 풍 인　　　초 간 능 가 경　　약

千餘遍호대 而不會三身四智하야 禮師하고 求
천 여 편　　　이 불 회 삼 신 사 지　　　예 사　　　구

解其義하니
해 기 의

師曰 三身者는 淸淨法身은 汝之性也요 圓滿
사 왈　삼 신 자　　청 정 법 신　　여 지 성 야　　원 만

報身은 汝之智也요 千百億化身은 汝之行也니
보 신　　여 지 지 야　　천 백 억 화 신　　여 지 행 야

若離本性하고 別說三身하면 卽名有身無智
약 리 본 성　　　별 설 삼 신　　　즉 명 유 신 무 지

어니와 若悟三身이 無有自性하면 卽名四智菩
　　　　약 오 삼 신　　무 유 자 성　　　즉 명 사 지 보

提니라 聽吾偈하라 曰,
리　　청 오 게　　　　왈

自性具三身하야　　發明成四智로다
자 성 구 삼 신　　　　발 명 성 사 지

不離見聞緣하고　　超然登佛地로다
불 리 견 문 연　　　　초 연 등 불 지

吾今爲汝說하노니 諦信永無迷하라
오금위여설　　　체신영무미

莫學馳求者의　　終日說菩提하라
막학치구자　　　종일설보리

通이 再啓曰 四智之義를 可得聞乎이까
통　재계왈 사지지의　가득문호

師曰 旣會三身인댄 便明四智어늘 何更問耶아
사왈 기회삼신　　변명사지　　하갱문야

若離三身하고 別談四智인댄 此名有智無身也니
약리삼신　　별담사지　　차명유지무신야

卽此有智가 還成無智니라 復偈曰
즉차유지　환성무지　　부게왈

大圓鏡智性淸淨하고
대원경지성청정

平等性智心無病이며
평등성지심무병

妙觀察智見非功이오
묘관찰지견비공

成所作智同圓鏡이로다
성 소 작 지 동 원 경

五八六七果因轉이나
오 팔 육 칠 과 인 전

但用名言無實性이니
단 용 명 언 무 실 성

若於轉處에 不留情하면
약 어 전 처　　 불 류 정

繁興永處那伽定하리라
번 흥 영 처 나 가 정

通이 頓悟性智하야 遂呈偈曰
통　 돈 오 성 지　　 수 정 게 왈

三身元我體요
삼 신 원 아 체

四智本心名이라
사 지 본 심 명

身智融無碍하야
신 지 융 무 애

應物任隨形이로다
응물임수형

起修皆妄動이며
기수개망동

守住匪眞精이라
수주비진정

妙旨因師曉하니
묘지인사효

終亡染汚名이로다
종망염오명

僧智常은 信州貴谿人이라 髫年에 出家하야 志
승지상　신주귀계인　　초년　출가　　지

求見性이러니 一日에 參禮한대 師가 問曰汝從
구견성　　일일　참례　사　문왈여종

何來며 欲求何事오 曰學人은 近往洪州白峯
하래　욕구하사　왈학인　근왕홍주백봉

山하야 禮大通和尙하고 蒙示見性成佛之義나
산　　예대통화상　　몽시견성성불지의

未決狐疑일새 遠來投禮하오니 伏望和尙은 慈
미결호의　　원래투예　　　복망화상　자

332 육조단경

悲指示하소서
비 지 시

師曰 彼有何言句오 汝試擧看하라 曰 智常이
사왈 피유하언구 여시거간   왈 지상

到彼하여 凡經三月이로다 未蒙示誨라 爲法切
도피   범경삼월   미몽시회 위법절

故로 一夕에 獨入丈室하야 請問 如何是智常의
고 일석 독입장실   청문 여하시지상

本心本性이니까하니
본심본성

大通이 乃曰 汝見虛空否아 對曰 見이니다 彼
대통 내왈 여견허공부 대왈 견   피

曰 汝見虛空이 有相貌否아 對曰 虛空이 無
왈 여견허공 유상모부 대왈 허공 무

形이어니 有何相貌리이까 彼曰 汝之本性이 猶
형   유하상모   피왈 여지본성 유

如虛空하야 了無一物可見이 是名正見이요 了
여허공   요무일물가견 시명정견   요

無一物可知가 是名眞知며 無有靑黃長短하고
무일물가지 시명진지 무유청황장단

但見本源淸淨한 覺體圓明이 卽名見性成佛
단견본원청정 각체원명 즉명견성성불

第七 機緣品 333

이오 亦名如來知見이니라하야늘 學人이 雖聞此
　　역명여래지견　　　　　　　학인　수문차

說이나 猶未決了하오니 乞和尙은 開示하소서
설　　유미결료　　　　걸화상　개시

師曰 彼師所說이 猶存見知故로 令汝未了니
사왈 피사소설　유존견지고　　영여미료

吾今示汝一偈하리라
오금시여일게

不見一法存無見하면
불견일법존무견

大似浮雲庶日面이오
대사부운서일면

不知一法守空知하면
부지일법수공지

還如太虛에 生閃電이로다
환여태허　생섬전

此之知見瞥然興하면
차지지견별연흥

錯認何曾解方便이리요
착인하증해방편

汝當一念自知非하면
여 당 일 념 자 지 비

自己靈光常顯現하리라
자 기 영 광 상 현 현

常이 聞偈己하고 心意豁然하야 乃述偈曰
상   문게이   심의활연   내술게왈

無端起知見하야
무 단 기 지 견

著相求菩提하나니
착 상 구 보 리

情存一念悟하면
정 존 일 념 오

寧越昔時迷리오
영 월 석 시 미

自性覺源體는
자 성 각 원 체

隨照枉遷流하나니
수 조 왕 천 유

不入祖師室이면
불 입 조 사 실

茫然趣兩頭로다
망 연 취 양 두

智常이 一日에 問師曰 佛說三乘法하시고 又
지 상   일 일   문 사 왈 불 설 삼 승 법   우

言最上乘하시니 弟子未解로소이다 願爲敎授
언 최 상 승   제 자 미 해   원 위 교 수

하소서

師曰 汝 觀自本心하고 莫著外法相하라 法無
사 왈 여 관 자 본 심   막 착 외 법 상   법 무

四乘이언마는 人心이 自有等差니 見聞轉誦은
사 승   인 심   자 유 등 차   견 문 전 송

是小乘이오 悟法解義는 是中乘이요 依法修行은
시 소 승   오 법 해 의   시 중 승   의 법 수 행

是大乘이요 萬法盡通하며 萬法具備로되 一切
시 대 승   만 법 진 통   만 법 구 비   일 체

不染하고 離諸法相하야 一無所得하면 名最上
불 염   이 제 법 상   일 무 소 득   명 최 상

乘이니라
승

乘是行義라 不在口爭이니 汝須自修하고 莫問
승 시행의 부재구쟁   여수자수   막문

吾也어라 一切時中에 自性自如니라 常이 禮謝
오야   일체시중   자성자여   상   예사

執侍하야 終師之世하니라
집시   종사지세

一僧志道는 廣州南海人也라 請益曰 學人이
일승지도   광주남해인야   청익왈 학인

自出家로 覽涅槃經이 十載有餘로대 未明大
자출가   람열반경   십재유여   미명대

意로소니 願和尙은 垂誨하소서
의   원화상   수회

師曰 汝何處를 未明고 曰 諸行이 無常이라 是
사왈 여하처 미명   왈 제행   무상   시

生滅法이니 生滅이 滅已히면 寂滅이 爲樂이라
생멸법   생멸   멸이   적멸   위락

하시니 於此疑惑하나이다
       어차의혹

第七 機緣品 337

師曰 汝作麽生疑오 日 一切衆生이 皆有二
사왈 여작마생의   왈 일체중생 개유이

身하니 謂色身과 法身也라 色身은 無常하야 有
신   위색신 법신야   색신   무상   유

生有滅이어니와 法身은 有常하야 無知無覺이어
생유멸   법신   유상   무지무각

늘 經에 云 生滅이 滅已하면 寂滅이 爲樂者는
  경 운 생멸 멸이   적멸 위락자

不審호이다 何身이 寂滅이며 何身이 受樂이니잇고
불심   하신 적멸   하신 수락

若色身者인댄 色身이 滅時에 四大分散하야 全
약색신자   색신   멸시   사대분산   전

然是苦니 苦不可言樂이요
연시고 약불가언락

若法身者인댄 寂滅이 卽同草木瓦石이어니 誰
약법신자   적멸   즉동초목와석   수

當受樂이리이까 又法性은 是生滅之體요 五蘊은
당수락   우법성   시생멸지체   오온

是生滅之用이니 一體五用이 生滅이 是常이라
시생멸지용   일체오용   생멸   시상

生卽從體起用하고 滅卽攝用歸體하나니 若聽
생즉종체기용   멸즉섭용귀체   약청

更生인댄 卽有情之類가 不斷不滅이오 若不聽
갱생   즉유정지류   부단불멸   약불청

更生인댄 則永歸寂滅하야 同於無情之物이니
갱생   즉영귀적멸   동어무정지물

如是卽一切諸法이 被涅槃之所禁伏하야 尙
여시즉일체제법   피열반지소금복   상

不得生이어니 何樂之有리이까
부득생   하락지유

師曰 汝是釋子어늘 何習外道의 斷常邪見하야
사왈 여시석자   하습외도   단상사견

而議最上乘法고 據汝所說컨댄 卽色身外에
이의최상승법   거여소설   즉색신외

別有法身이며 離生滅코 求於寂滅이로다 又推
별유법신   이생멸   구어적멸   우추

涅槃常樂하야 言有身受用이라하니 斯乃執吝生
열반상락   언유신수용   사내집인생

死하야 眈著世樂이로다
사   탐착세락

汝今當知하라 佛이 爲一切迷人이 認五蘊和
여금당지   불   위일체미인   인오온화

合하야 爲自體相하고 分別一切法으로 爲外塵
합   위자체상   분별일체법   위외진

相하야 好生惡死하야 念念遷流하되 不知夢幻
상 호생오사 염념천유 부지몽환

虛假하고 枉受輪廻하며 以常樂涅槃으로 翻爲
허가 왕수윤회 이상락열반 번위

苦相하야 終日馳求일새 佛이 愍此故로 乃示涅
고상 종일치구 불 민차고 내시열

槃眞樂하시니 刹那에도 無有滅相이며 刹那에도
반진락 찰나 무유멸상 찰나

無有滅相하야 更無生滅可滅함이 是卽寂滅現
무유멸상 갱무생멸가멸 시즉적멸현

前이라 當現前時에 亦無現前之量일새 乃謂常
전 당현전시 역무현전지량 내위상

樂이라하시니 此樂은 無有受者하며 亦無不受者
락 차락 무유수자 역무불수자

어니 豈有一體五用之名이며 何況更言涅槃이
기유일체오용지명 하황갱언열반

禁伏諸法하야 令永不生가 斯乃謗佛毁法이니라
금복제법 영영불생 사내방불훼법

聽法偈하라 曰
청법게 왈

無上大涅槃이여 圓明常寂照어늘
무상대열반　　　원명상적조

凡愚謂之死하고 外道執爲斷하며
범우위지사　　　외도집위단

諸求二乘人은 目以爲無作하나니
제구이승인　　　목이위무작

盡屬情所計라 六十二見本이로다
진속정소계　　　육십이견본

妄立虛假名이어니 何爲眞實義리오
망입허가명　　　하위진실의

惟有過量人은 通達無取捨하야
유유과량인　　　통달무취사

以知五蘊法과 及以蘊中我와
이지오온법　　　급이온중아

外現衆色相과 一一音聲相이
외현중색상　　　일일음성상

平等如夢幻하야 不起凡聖見하고
평등여몽환　　　불기범성견

不作涅槃解하며 二邊三際斷하야
부작열반해　　　이변삼제단

常應諸根用하되 而不起用想하며
상응제근용　　　이불기용상

分別一切法하되 不起分別想하나니
분별일체법　　　불기분별상

劫火燒海底하고 風鼓山相擊이라도
겁화소해저　　　풍고산상격

眞常寂滅樂은 涅槃相如是하니라
진상적멸락　　　열반상여시

吾今强言說하야 令汝捨邪見하노니
오금강언설　　　영여사사견

汝勿隨言解하면 許汝知少分하리라
여물수언해　　　허여지소분

志道가 聞偈大悟하야 踊躍하고 作禮而退하니라
지도　문게대오　　　용약　　　작례이퇴

行思禪師의 姓은 劉氏니 吉州安城人也라
행사선사　성　유씨　길주안성인야

聞曹溪法席이 盛化하고 徑來參禮하야 遂問曰
문조계법석　성화　　경래참례　　　수문왈

當何所務라야 即不落階級니잇고 師曰汝曾作
당하소무　　즉불락계급　　　사왈여증작

什麼來오 曰 聖諦도 亦不爲이니다
십 마 래 왈 성 체 역 불 위

師曰 落何階級고 曰 聖諦도 尚不爲어늘 何階
사 왈 락 하 계 급 왈 성 체 상 불 위   하 계

級之有리잇고 師가 深器之하야 令思首衆하시니라
급 지 유   사 심 기 지   영 사 수 중

一日은 師가 謂曰 汝當分化一方하야 無令斷
일 일 사 위 왈 여 당 분 화 일 방   무 령 단

絕케하라하시니 思旣得法이라 遂回吉州青原山
절   사 기 득 법   수 회 길 주 청 원 산

하야 弘法紹化하니라
   홍 법 소 화

懷讓禪師는 金州杜氏의 子也라 初謁嵩山安
회 양 선 사 금 주 두 씨   자 야 초 알 숭 산 안

國師러니 安이 發之曹溪參扣어늘 讓이 至禮拜
국 사   안 발 지 조 계 참 구   양   지 예 배

하니 師曰 甚處來오 曰 嵩山이니이다
   사 왈 심 처 래 왈 숭 산

師曰 什麼物이 恁麼來오 曰 說似一物이라도
사 왈 십 마 물   임 마 래 왈 설 사 일 물

第七 機緣品 343

卽不中이니이다 師曰 還可修證否아 曰 修證은
즉부중   사왈 환가수증부   왈 수증

卽不無어니와 汚染은 卽不得이니이다
즉불무   오염   즉부득

師曰 只此不汚染이 諸佛之所護念이시니 汝
사왈 지차불오염   제불지소호념   여

旣如是하니 吾亦如是하니라 西天般若多羅가
기여시   오역여시   서천반야다라

讖하사대 汝足下에 出一馬駒하야 踏殺天下人
참   여족하   출일마구   답살천하인

이라하시니 應在汝心하고 不須速說이어다
           응재여심   불수속설

讓이 豁然契會하야 遂執侍左右를 一十五載에
양   활연계회   수집시좌우   일십오재

日臻玄奧러니 後往南嶽하야 大闡禪宗하니라
일진현오   후왕남악   대천선사

永嘉玄覺禪師는 溫州戴氏子이다 少習經論
영가현각선사   온주대씨자   소습경론

하야 精天台止觀法門이라가 因看維摩經하야
     정천태지관법문   인간유마경

發明心地러니 偶師弟子玄策이 相訪하야 與其
劇談에 出言이 暗合諸祖어늘 策이 云仁者의
得法師가 誰오 曰 我聽方等經論은 各有師承
이나 後於維摩經에 悟佛心宗하고는 未有證明
者로라 策이 云 威音王已前은 卽得이어니와 威
音王已後에 無師自悟는 盡是天然外道니라
云호대 願仁者는 爲我證據하라
策이 云我言은 輕이라 曹溪에 有六祖大師하시니
四方이 雲集하니 竝是受法者라 若去則 與偕
行하리라 覺이 遂同策來參하야 繞師三匝하고
振錫而立한대 師曰 夫沙門者는 具三千威儀와

第七 機緣品 345

八萬細行이어늘 大德은 自何方而來완대 生大
팔만세행   대덕   자하방이래   생대

我慢고 覺이 曰 生死事大하고 無常이 迅速이니
아만 각 왈 생사사대   무상   신속

이다

師曰 何不體取無生하고 了無速乎아 曰 體卽
사왈 하불체취무생   요무속호 왈 체즉

無生이요 了本無速이니이다
무생   요본무속

師曰 如是如是하다 玄覺이 方具威儀禮拜하고
사왈 여시여시   현각   방구위의예배

須臾에 告辭어늘 師曰 返太速乎인저 曰 本自
수유 고사   사왈 반태속호   왈 본자

非動이어니 豈有速耶리잇고 師曰 誰知非動고
비동   기유속야   사왈 수지비동

曰 仁者가 自生分別이니이다
왈 인자   자생분별

師曰 汝甚得無生之意로다 曰 無生이 豈有意
사왈 여심득무생지의   왈 무생   기유의

耶이닛가 師曰 無意면 誰當分別고 曰 分別이
야   사왈 무의   수당분별   왈 분별

亦非意니이다 師曰 善哉라 少留一宿하라하시니
역 비 의   사왈 선재   소유일숙

時에 謂一宿覺이라하다 後에 著證道歌하야 盛
시   위일숙각   후   저증도가   성

行于世하니라
행우세

禪者智隍은 初參五祖하고 自謂已得正受라하야
선자지황   초참오조   자위이득정수

庵居長坐를 積二十年이러니 師의 弟子玄策이
암거장좌   적이십년   사   제자현책

遊方이라가 至河朔하야 聞隍之名하고 造庵問
유방   지하삭   문황지명   조암문

云호대 汝在此하야 作什麼오 隍이 云 入定이로라
운   여재차   작십마   황   운 입정

策이 云 汝云入定은 爲有心入耶아 無心入耶아
책   운 여운입정   위유심입야   무심입야

若無心入者인댄 一切無情草木瓦石이 應合
약무심입자   일체무정초목와석   응합

得定이오 若有心入者인댄 一切有情含識之流가
득정   약유심입자   일체유정함식지류

亦應得定하리라
역응득정

隍이 曰 我 正入定時에 不見有有無之心이로라
황 왈 아 정입정시 불견유유무지심

策이 云, 不見有 有無之心이면 卽是常定이어니
책 운 불견유 유무지심   즉시상정

何有出入이리요 若有出入이면 卽非大定이로다
하유출입   약유출입   즉비대정

隍이 無對라가 良久에 問曰, 師嗣誰耶아 策이
황 무대   양구 문왈 사사수야   책

云, 我師는 曹溪六祖시니라 隍이 云, 六祖는
운 아사 조계육조   황 운 육조

以何爲禪定고
이하위선정

策이 云 我師所說은 妙湛圓寂이라 體用이 如
책 운 아사소설   묘담원적   체용 여

如하야 五陰이 本空하고 六塵이 非有라 不出不
여   오음 본공   육진 비유   불출불

入하고 不定不亂하며 禪性이 無住라 離住禪寂
입   부정불난   선성 무주   이주선적

하며 禪性이 無生이라 離生禪想하야 心如虛空
    선성 무생   이생선상   심여허공

하되 亦無虛空之量이니라
　　　역 무 허 공 지 량

隍이 聞是說하고 徑來謁師한대 師가 問云, 仁
황　　문시설　　　경래알사　　　　사　문운　인

者何來오 隍이 具述前緣하니 師云 誠如所言
자하래　황　　구술전연　　　　사운 성여소언

이니 汝但心如虛空하되 不著空見하면 應用無
　　　여단심여허공　　　　불착공견　　　응용무

碍하야 動靜無心하며 凡聖情忘하야 能所俱泯
애　　　동정무심　　　범성정망　　　능소구민

하며 性相如如하야 無不定時也리라
　　　성상여여　　　무불정시야

隍이 於是大悟하니 二十年所得心이 都無影
황　　어시대오　　　이십년소득심　　도무영

響이러라 其夜에 河北士庶가 聞하니 空中에 有
향　　　　기야　　하북사서　　문　　　공중　유

聲云하되 隍禪師가 今日에 得道라하더라 隍이
성운　　　황선사　　　금일　　득도　　　　　황

後에 禮辭하고 復歸河北하야 開化四衆하니라
후　　예사　　　복귀하북　　　개화사중

一僧이 問師云하되 黃梅意志를 甚麽人이 得
일승　　문사운　　　황매의지　　심마인　득

이니잇고 師云, 會佛法人이 得이니라 僧이 云
　　　　사운　회불법인　　득　　　　승　운

和尚이 還得否이까 師云 我不會佛法이로라
화상　환득부　　　사운 아불회불법

師가 一日에 欲濯所授之衣하사대 而無美泉
사　　일일　욕탁소수지의　　　　이무미천

하야 因至寺後五里許하야 見山林이 鬱茂하며
　　　인지사후오리허　　　견산림　　울무

端氣가 盤旋하고 師가 振錫卓地하신대 泉이 應
단기　반선　　　사　진석탁지　　　　천　응

手而出하야 積以爲池어늘 乃跪膝하고 浣衣石
수이출　　　적이위지　　　내궤슬　　　완의석

上이러시니 忽有一僧이 來하야 禮拜云 方辯이
상　　　　홀유일승　　래　　　예배운 방변

是西蜀人이온데 昨於南天竺國에서 見達摩大
시서촉인　　　작어남천축국　　　견달마대

師러니 囑方辯하야 速往唐土하되 吾傳大迦葉의
사　　　촉방변　　　속왕당토　　　오전대가섭

正法眼藏과 及僧伽梨하야 見傳六代하야 於韶
정법안장   급승가리   현전육대   어소

州曹溪하니 汝去瞻禮하라하시므로 方辯이 遠來
주조계   여거첨례   방변   원래

하야 願見我師의 傳來衣鉢하노이다 師乃出示
     원현아사   전래의발   사내출시

하시고 次問 上人은 攻何事業고 方辯이 曰, 善
       차문 상인   공하사업   방변   왈 선

塑하나이다
소

師가 正色曰 汝試塑看하라 方辯이 罔措하야 過
사   정색왈 여시소간   방변   망조   과

數日에 塑就眞相하니 可高七寸에 曲盡其妙라
수일   소취진상   가고칠촌   곡진기묘

師笑曰 汝只解塑性이요 不解佛性이로다 師舒
사소왈 여지해소성   불해불성   사서

手하야 摩方辯頂曰 永爲人天福田하라하시니라
수   마방변정왈 영위인천복전

有僧이 擧臥輪禪師偈云호대
유승   거와륜선사게운

臥輪有伎倆하야
와륜유기량

能斷百思想이로다
능 단 백 사 상

對境心不起하니
대 경 심 불 기

菩提日日長이로다
보 리 일 일 장

師가 聞之曰此偈는 未明心地니 若依而行之
사　　문 지 왈 차 게　　미 명 심 지　　약 의 이 행 지

하면 是加繫縛이라하시고 因示一偈曰
　　　시 가 계 박　　　　　　　인 시 일 게 왈

慧能沒伎倆하야　　不斷百思想이로다
혜 능 몰 기 량　　　　부 단 백 사 상

對境心數起하니　　菩提作麼長이리오
대 경 심 수 기　　　　보 리 자 마 장

第八 頓漸品
제 팔 돈 점 품

時에 祖師는 居曹溪寶林하시고 神秀大師는 在
시 조사 거조계보림 신수대사 재

荊南玉泉寺하시니 于時에 兩宗이 盛化하야 人
형남옥천사 우시 양종 성화 인

皆稱南能北秀라하니 故로 有南北二宗頓漸之
개칭남능북수 고 유남북이종돈점지

分하야 而學者莫知宗趣러니 師가 謂衆曰 法
분 이학자막지종취 사 위중왈 법

本一宗이로되 人有南北이요 法卽一種이로되
본일종 인유남북 법즉일종

見有遲疾이니 何名頓漸고 法無頓漸이언마는
견유지질 하명돈점 법무돈점

人有利鈍故로 名頓漸이니라
인유이둔고 명돈점

然이나 秀之徒衆이 往往譏南宗祖師하되 不識
연 수지도중 왕왕기남종조사 불식

一字어니 有何所長이리오한대
일자　　유하소장

秀曰 他得無師之智하야 深悟上乘하니 吾不
수왈　타득무사지지　　심오상승　　오불

如也며 且吾師五祖가 親傳衣法하심이 豈徒然
여야　차오사오조　친전의법　　　기도연

哉리요 吾恨不能遠去親近하고 虛受國恩하노니
재　　오한불능원거친근　　허수국은

汝等諸人은 無滯於此하고 可往曹溪하야 參決
여등제인　무체어차　　가왕조계　　참결

이어다 一日命門人志誠曰 如聰明多智하니 可
　　　일일명문인지성왈　여총명다지　　가

爲吾하야 到曹溪聽法하고 汝若聞法이어든 盡
위오　　도조계청법　　여약문법　　　진

心記取하야 還爲吾說하라
심기취　　환위오설

志誠이 稟命하고 至曹溪하야 隨衆參請하되 不
지성　품명　　지조계　　수중참청　　불

言來處러니 時에 祖師가 告衆曰 今有盜法之
언래처　　시　조사　　고중왈　금유도법지

人이 潛在此會로다 志誠이 卽出禮拜하고 具陳
인　잠재차회　　지성　즉출예배　　구진

其事한대 師가 曰 汝從玉泉來하니 應是細作
기사   사   왈 여종옥천래   응시세작
이로다 對曰 不是니이다
       대왈 불시

師曰 何得不是오 對曰 未說卽是어니와 說了코는
사왈 하득불시 대왈 미설즉시   설요

不是니이다 師가 曰 汝師가 若爲示衆고 對曰
불시   사   왈 여사   약위시중   대왈

常指誨大衆하시되 住心觀淨하야 長坐不臥
상지회대중   주심관정   장좌불와

하라하시나이다

師가 曰 住心觀淨은 是病이라 非禪이며 長坐
사   왈 주심관정   시병   비선   장좌

拘身이 於理에 何益이리오 聽吾偈하라 曰
구신   어리   하익   청오게   왈

生來坐不臥하고
생래좌불와

死去臥不坐로다
사거와부좌

一具臭骨頭어니
일 구 취 골 두

何爲立功課리오
하 위 입 공 과

志誠이 再拜曰弟子가 在秀大師處하야 學道
지성　　재배왈제자　　재수대사처　　　　학도

九年이로되 不得契悟러니 今聞和尚一說하고
구년　　　　부득계오　　　금문화상일설

便契本心이라 弟子가 生死事大하니 和尚은 大
변계본심　　　제자　　생사사대　　　화상　　대

慈로 更爲敎示하소서
자　　갱위교시

師曰 吾聞汝師가 敎示學人戒定慧法이라하니
사왈　오문여사　　교시학인계정혜법

未審커라 汝師의 說戒定慧行相이 如何오 與
미심　　　여사　　설계정혜행상　　여하　　여

吾說看하라
오설간

誠이 曰 秀大師가 說諸惡莫作이 名爲戒요 諸
성　　왈　수대사　　설제악막작　　명위계　　제

善奉行이 名爲慧요 自淨其意가 名爲定이라하
선봉행   명위혜   자정기의   명위정

시니 彼說은 如此어니와 未審호이다 和尙은 以
     피설   여차   미심   화상   이

何法으로 誨人하시나이까
하법   회인

師가 曰 吾若言 有法與人이라면 卽爲誑汝니
사   왈 오약언 유법여인   즉위광여

但且隨方解縛을 假名三昧니라 如汝師所說
단차수방해박   가명삼매   여여사소설

戒定慧는 實不可思議어니와 吾所見戒定慧는
계정혜   실불가사의   오소견계정혜

又別하니라
우별

志誠이 曰 戒定慧는 只合一種이어늘 如何更
지성   왈 계정혜   지합일종   여하갱

別이리잇고 師가 曰 汝師戒定慧는 接大乘人하고
별   사   왈 여사계정혜   접대승인

吾戒定慧는 接最上乘人이니 悟解가 不同일새
오계정혜   접최상승인   오해   부동

見有遲疾이니라
견유지질

第八 頓漸品 357

汝聽吾說하라 與彼同否아 吾所說法은 不離自
여청오설   여피동부   오소설법   불리자

性이니 離體說法이 名爲相說이라 自性을 常迷니
성   이체설법   명위상설   자성   상미

須知一切萬法이 皆從自性起用하면 是眞戒
수지일체만법   개종자성기용   시진계

定慧法이니라 聽吾偈하라 曰
정혜법   청오게   왈

心地無非自性戒요
심지무비자성계

心地無癡自性慧요
심지무치자성혜

心地無亂自性定이요
심지무난자성정

不增不減自金剛이요
부증불감자금강

身去身來本三昧니라
신거신래본삼매

誠이 聞偈悔謝하야 乃呈一偈하니 曰
성   문게회사   내정일게   왈

五蘊幻身이여
오온환신

幻何究境이리오
환하구경

廻趣眞如라면
회취진여

法還不淨이로다
법환부정

師가 然之하시고 復語誠曰 汝師戒定慧는 勸
사   연지   부어성왈 여사계정혜   권

小根智人이요 吾戒定慧는 勸大根智人이니 若
소근지인   오계정혜   권대근지인   약

悟自性하면 亦不立菩提涅槃이며 亦不立解脫
오자성   역불입보리열반   역불입해탈

知見이라
지견

無一法可得이라야 方能建立萬法이니 若解此
무 일 법 가 득   방 능 건 립 만 법   약 해 차

意하면 亦名佛身이며 亦名菩提涅槃이며 亦名
의   역 명 불 신   역 명 보 리 열 반   역 명

解脫知見이라 見性之人은 立亦得이요 不立亦
해 탈 지 견   견 성 지 인   입 역 득   불 입 역

得이니 去來自由라 無滯無礙하야 應用隨作과
득   거 래 자 유   무 체 무 애   응 용 수 작

應語隨答에 普見化身하되 不離自性하야 卽得
응 어 수 답   보 견 화 신   불 리 자 성   즉 득

自在神通과 遊戲三昧니 是名見性이니라
자 재 신 통   유 희 삼 매   시 명 견 성

志誠이 再啓師曰 如何是不立義니이까 師가
지 성   재 계 사 왈   여 하 시 불 입 의   사

曰 自性이 無非 無癡 無亂하야 念念般若觀
왈   자 성   무 비   무 치   무 난   염 념 반 야 관

照하야 常離法相하면 自由自在하야 縱橫盡得
조   상 리 법 상   자 유 자 재   종 횡 진 득

이어니 有何可立이리오
          유 하 가 입

自性自悟하면 頓悟頓修라 亦無漸次니 所以로
자 성 자 오   돈 오 돈 수   역 무 점 차   소 이

不立一切法이니라 諸法이 寂滅이어니 有何次
불입일체법   제법 적멸   유하차

第리오 志誠이 禮拜하고 願爲執侍하야 朝夕不
제   지성   예배   원위집시   조석불

懈러라
해

一僧志徹은 江西人이라 本姓은 張이오 名은 行
일승지철   강서인   본성 장   명 행

昌인데 少任俠이러니 自南北分化로 二宗主는
창   소임협   자남북분화   이종주

雖亡彼我나 而徒侶가 競起愛憎이라 時에 北
수망피아   이도려   경기애증   시   북

宗門人이 自立秀師하야 爲第六祖하되 而忌祖
종문인   자립수사   위제육조   이기조

師傳衣가 爲天下所聞하야 乃囑行昌하야 來勅
사전의   위천하소문   내촉행창   래칙

於師할새 師가 心通으로 預知其事하시고 卽置
어사   사   심통   예지기사   즉치

金十兩於座間이러니 時夜暮에 行昌이 入祖室
금십양어좌간   시야모   행창   입조실

하야 將欲加害할새 師가 舒頸就之하시니 行昌이

揮刃者三이로대 悉無所損이라 師曰 正劍은 不

邪요 邪劍은 不正이니라 只負汝金이요 不負汝

命하노라

行昌이 驚仆라가 久而方蘇하야 求哀悔過하고

卽願出家어늘 師遂與金言하시되 汝且去하라

恐徒衆이 翻害於汝하노니 汝可他日에 易刑而

來하면 吾當攝受호리라

行昌이 稟旨宵遁하야 後에 投僧出家하야 具戒

精進이러니 一日에 憶師之言하야 遠來禮覲한대

師가 曰 吾久念汝러니 汝來何晩고 曰 昨蒙和

尚의 捨罪하야 今雖出家苦行이나 終難報德이오니 其惟傳法度生乎리이다 弟子가 嘗覽涅槃經하오나 未曉常無常義하오니 乞和尚은 慈悲로 略爲解說하소서

師가 曰 無常者는 卽佛性也며 有常者는 卽一切善惡諸法의 分別心也니라 曰 和尚所說이 大違經文이로소이다

師가 曰 吾傳佛心印이어늘 安敢違於佛經이리요

曰 經에 說佛性이 是常이어늘 和尚은 却言無常하시고 善惡諸法과 乃至菩提心이 皆是無常이어늘 和尚은 却言是常하시니 此卽相違라 令

學人으로 轉加疑惑이로소이다
학인   전가의혹

師가 曰 涅槃經을 吾昔에 聽尼無盡藏의 讀誦
사 왈 열반경   오석   청니무진장   독송

一遍하고 便爲講說하되 無一字一義도 不合經
일편   변위강설   무일자일의   불합경

文이며 乃至爲汝하야도 終無二說이니라
문   내지위여   종무이설

曰 學人이 識量이 淺昧하오니 願和尙은 委曲
왈 학인 식량   천매   원화상   위곡

開示하소서
개시

師가 曰 汝知否아 佛性이 若常인댄 更說什麽
사 왈 여지부 불성   약상   갱설십마

善惡諸法이며 乃至窮劫하야도 無有一人도 發
선악제법   내지궁겁   무유일인   발

菩提心者라 故로 吾說無常이 正是佛說眞常
보리심자 고   오설무상   정시불설진상

之道也며 又一切諸法이 若無常者인댄 卽物
지도야 우일체제법   약무상자   즉물

物이 皆有自性하야 容受生死일새 而眞常性이
물   개유자성   용수생사   이진상성

有不遍之處리니 故로 吾說常者가 正是佛說
유불편지처   고   오설상자   정시불설

眞無常義니라
진무상의

佛이 比爲凡夫外道는 執於邪常하고 諸二乘
불   비위범부외도   집어사상   제이승

人은 於常에 計無常하야 共成八倒일새 故로 於
인   어상   계무상   공성팔도   고   어

涅槃了義敎中에 破彼偏見하사 而顯說 眞常
열반요의교중   파피편견   이현설 진상

眞樂 眞我 眞淨이어시늘 汝今依言背義하야 以
진락 진아 진정   여금의언배의   이

斷滅無常과 及確定死常으로 而錯解佛之圓
단멸무상   급확정사상   이착해불지원

妙한 最後微言하니 縱覽千遍인들 有何所益
묘   최후미언   종람천편   유하소익

이리오 行昌이 忽然大悟하야 乃說偈曰하되
       행창   홀연대오   내설게왈

因守無常心하야　　佛說有常性하시니
인수무상심   불설유상성

不知方便者는　猶春池拾礫이로다
뷰지방편자　　유춘지습력

我今不施功하고　佛性而現前하니
아금불시공　　　불성이현전

非師相授與요　我亦無所得이로다
비사상수여　　아역무소득

師가 曰汝今徹也니 宜名志徹이니라 徹이 禮謝
사　왈여금철야　　의명지철　　　철　예사

而退하니라
이퇴

有一童子호되 名은 神會니 襄陽高氏의 子라
유일동자　　　명　　신회　　양양고씨　　자

年이 十三에 自玉泉來하야 參禮어늘
년　십삼　　자옥천래　　　참례

師曰 知識아 遠來艱辛하니 還將得本來否아
사왈　지식　　원래간신　　　환장득본래부

若有本卽合識主리니 試說看하라 會가 曰以無
약유본즉합식주　　　시설간　　　회　왈이무

366 육조단경

住로 爲本이요 見卽是主니이다
주 위본   견즉시주

師가 日這沙彌가 爭合取次語오 會가 乃問曰
사 왈저사미 쟁합취차어 회 내문왈

和尙이 坐禪에 還見이니이까 不見이니이까
화상 좌선 환견   불견

師가 以拄杖으로 打三下하신대 云吾打汝하니
사 이주장   타삼하   운오타여

痛가 不痛가 對曰亦痛亦不痛이니이다 師曰 吾
통 불통 대왈역통역불통   사왈 오

亦見亦不見이로다
역견역불견

神會가 問 如何是 亦見亦 不見이니잇고 師言
신회 문 여하시 역견역 불견   사언

하사대 吾之所見은 常見自心過愆하고 不見他
      오지소견   상견자심과건   불견타

人의 是非好惡일새 是以로 亦見亦不見이어니와
인 시비호악   시이 역견역불견

汝言 亦痛亦不痛은 如何오 汝若不痛인댄 同
여언 역통역불통   여하 여약불통   동

其木石이오 若痛인댄 卽同凡夫라 卽起恚恨이니
기목석   약통   즉동범부   즉기에한

第八 頓漸品

汝向前에 見不見은 是二邊이오 痛不痛은 是
여 향 전   견 불 견   시 이 변   통 불 통   시

生滅이라 汝自性을 且不見하고 敢爾戲論가
생 멸   여 자 성   차 불 견   감 이 희 론

神會가 禮拜悔謝한대 師가 又曰 汝若心迷不
신 회   예 배 회 사   사   우 왈   여 약 심 미 불

見인댄 問善知識覓路요 汝若心悟인댄 卽自見
견   문 선 지 식 멱 로   여 약 심 오   즉 자 견

性하야 依法修行이어늘 汝自迷하야 不見自心
성   의 법 수 행   여 자 미   불 견 자 심

하고 却來하야 問吾의 見與不見하니 吾見自知
        각 래   문 오   견 여 불 견   오 견 자 지

어니 豈代汝迷며 汝若自見인댄 亦不代吾迷어늘
       기 대 여 미   여 약 자 견   역 부 대 오 미

何不自知自見하고 乃問吾의 見與不見가
하 불 자 지 자 견   내 문 오   견 여 불 견

神會가 再禮百餘拜하야 求謝過愆하고 服勤給
신 회   재 례 백 여 배   구 사 과 건   복 근 급

侍하야 不離左右러라
시   불 리 좌 우

一日에 師가 告衆曰 吾有一物하되 無頭無尾
일 일   사   고 중 왈 오 유 일 물   무 두 무 미

하며 無名無字하며 無背無面하니 諸人은 還識
　　 무명무자　　 무배무면　　 제인　 환식

否아
부

神會가 出曰 是諸佛之本源이요 神會之佛性
신회　 출왈 시제불지본원　　 신회지불성

이니다 師가 曰 向汝道無名無字어늘 汝便喚作
　　　 사　 왈 향여도무명무자　　　 여변환작

本源佛性하니 汝向去하야 有把茆蓋頭라도 也
본원불성　　 여향거　　 유파묘개두　　 야

只成箇知解宗徒하리라
지성개지해종도

祖師滅後에 會入京洛하야 大弘曹溪頓敎하고
조사멸후　 회입경락　　 대홍조계돈교

著顯宗記하야 盛行於世하니라
저현종기　　 성행어세

師가 見諸宗이 難問하야 咸起惡心하야 多集座
사　 견제종　 난문　　 함기악심　　 다집좌

下하시고 愍而謂曰 學道之人은 一切善念惡
하　　　 민이위왈 학도지인　　 일체선념악

念을 應當盡除라 無名可名을 名於自性이니
념　 응당진제　　 무명가명　　 명어자성

第八 頓漸品 369

無二之性이 是名實性이라 於實性上에 建立
무 이 지 성　　시 명 실 성　　　　어 실 성 상　　건 립

一切敎門이니 言下에 便須自見이니라
일 체 교 문　　　언 하　　변 수 자 견

諸人이 聞說하고 總皆作禮하야 請事爲師하니라
제 인　　문 설　　　총 개 작 례　　　청 사 위 사

第九 宣詔品
제 구　선 조 품

神龍元年上元日에 則天과 中宗이 詔云, 朕이
신룡원년상원일　　측천　중종　조운　짐

請安秀二師하야 宮中에 供養하고 萬機之暇에
청안수이사　　　궁중　공양　　　만기지가

每究一乘이러니 二師가 推讓云 南方에 有能
매구일승　　　이사　추양운 남방　유능

禪師하야 密授忍大師衣法하야 傳佛心印하시니
선사　　 밀수인대사의법　　 전불심인

可請彼問하라할새
가청피문

今遣內侍薛簡하야 馳詔請하오니 願師는 慈念
금견내시벽간　　 치조청　　　원사　자념

하야 速赴上京하소서
　　 속부상경

師가 上表辭疾하시고 願終林麓히신대 薛簡이
사　 상표사질　　 원종임록　　　설간

曰 京城禪德이 皆云 欲得會道인댄 必須坐禪
왈 경성선덕　 개운 욕득회도　　 필수좌선

第九 宣詔品 371

習定이라 若不因禪定이면 而得解脫者가 未之
습정   약불인선정   이득해탈자   미지

有也라하니 未審호이다 師所說法은 如何니이까
유야   미심   사소설법   여하

師曰 道由心悟니 豈在坐也리요 經에 云 若言
사왈 도유심오   기재좌야   경   운 약언

如來가 若坐若臥라하면 是行邪道니 何故오 無
여래   약좌약와   시행사도   하고   무

所從來며 亦無所去라하시니 無生無滅이 是如
소종래   역무소거   무생무멸   시여

來淸淨禪이며 諸法空寂이 是如來淸淨坐라
래청정선   제법공적   시여래청정좌

究境無證이어니 豈況坐耶아
구경무증   기황좌야

簡이 曰弟子가 回京하면 主上이 必問하시리니
간   왈제자   회경   주상   필문

願師는 慈悲로 指示心要하소서 傳秦兩宮과 及
원사   자비   지시심요   전진양궁   급

京城學道者하야 譬如一燈이 燃百千燈에 冥
경성학도자   비여일등   연백천등   명

者 皆明하야 明明無盡케하소서
자 개명   명명무진

師云 道無明暗하니 明暗은 是代謝之義라 明
明無盡도 亦是有盡이니 相待立名故라 淨名
經에 云 法無有比라 無相待故라하시니라
簡이 曰明喻智慧요 暗喻煩惱니 修道之人이
倘不以智慧로 照破煩惱하면 無始生死를 憑
何出離하오릿까 師曰 煩惱가 卽是菩提라 無二
無別이니 若以智慧로 照破煩惱者인댄 此是二
乘의 見解며 羊鹿等機라 上智大根은 悉不如
是니라 簡이 曰 如何是大乘見解니이까
師曰 明與無明을 凡夫는 見二어니와 智者는
了達其性이 無二하나니 無二之性이 卽是實性
이라

이라 實性者는 處凡愚而不滅하고 在賢聖而不
　　　실성자　처범우이불감　　재현성이부

增하며 住煩惱而不亂하고 居禪定而不寂하야
증　　주번뇌이불난　　거선정이부적

不斷不常하고 不來不去하며 不在中間과 及其
부단불상　　불래불거　　부재중간　급기

內外라 不生不滅하야 性相이 如如하야 常住不
내외　불생불멸　　성상　여여　　상주불

遷을 名之曰道니라
천　명지왈도

簡이 曰 師說不生不滅이 何異外道니이까 師曰
간　왈 사설불생불감　하이외도　　　사왈

外道所說不生不滅者는 將滅止生하고 以生
외도소설불생불멸자　장멸지생　　이생

顯滅이라 滅猶不滅이요 生說不生이어니와 我
현멸　　멸유불멸　　생설불생　　　아

說不生不感者는 本自無生이라 今亦無滅이니
설불생불감자　본자무생　　금역무멸

所以로 不同外道니라 汝若欲知心要인대 但一
소이　부동외도　　여약욕지심요　　단일

切善惡에 都莫思量하면 自然得入淸淨心體
체선악　도막사량　　자연득입청정심체

하야 湛然常寂하되 妙用이 恒沙하리라
　　담연상적　　　묘용　　항사

簡이 蒙指敎하고 豁然大悟하야 禮師歸闕하야
간　몽지교　　　활연대오　　　예사귀궐

表奏師語한대 其年九月三日에 有詔하야 獎諭
표주사어　　　기년구월삼일　　유조　　　장유

師曰 師辭老疾하야 爲朕修道하시니 國之福田
사왈　사사노질　　위짐수도　　　국지복전

이라 師若淨名의 託疾毘耶로 闡揚大乘하야 傳
　　 사약정명　 탁질비야　 천양대승　　　전

諸佛心하고 談不二法이니이다
제불심　　　담불이법

薛簡이 傳師의 指授如來知見할새 朕이 積善
벽간　　전사　지수여래지견　　　짐　 적선

餘慶과 値師出世하야 頓悟上乘하니 感荷師恩
여경　 치사출세　　　돈오상승　　 감하사은

하야 頂戴無已니이다하시고 幷奉磨衲袈裟와 及
　　 정대무이　　　　　　병봉마납가사　　급

水晶鉢하며 勅韶州刺史하야 修飾寺宇하고 賜
수정발　　 칙소주자사　　　수식사우　　　사

師舊居하사 爲國恩寺라하다
사구거　　　위국은사

第十 付囑品
제십 부촉품

師가 一日에 喚門人法海, 志誠, 法達, 神會,
사   일일   환문인법해   지성   법달   신회

智常, 智通, 志徹, 志道, 法珍, 法如等하야
지상   지통   지철   지도   법진   법여등

曰汝等은 不同餘人이라 吾滅度後에 各爲一方
왈여등   부동여인   오멸도후   각위일방

師하리니 吾今敎汝說法하야 不失本宗케하리라
사   오금교여설법   불실본종

先須擧三科法門과 動用三十六對하리니 出沒에
선수거삼과법문   동용삼십육대   출몰

卽離兩邊하고 說一切法에 莫離自性이니 忽有
즉리양변   설일체법   막리자성   홀유

人이 問汝法이어든 出語盡雙하야 皆取對法
인   문여법   출어진쌍   개취대법

하야 來去相因하고 究境에 二法을 盡除하야 更
     내거상인   구경   이법   진제   갱

無去處니라
무거처

三科法門者 陰界入也라 陰은 是五陰이니 色
受想行識이 是也오 入은 是十二入이니 外六塵
色聲香味觸法과 內六門眼耳鼻舌身意가 是
也오 界是十八界니 六塵六門六識이 是也라

自性이 能含萬法이 名含藏識이니 若起思量
하면 卽是轉識이라 生六識出六門見六塵하나니

如是一十八界가 皆從自性起用이라

自性이 若邪하면 起十八邪하고 自性이 若正하면
起十八正이니 若惡用하면 卽衆生用이오 善用
하면 卽佛用이니라 用由何等고 由自性하야 有
對法하니 外境無情이 五對니 天與地對며 日與

第十 付囑品 377

月對며 明與暗對며 陰與陽對며 水與火對라
월대　　명여암대　　음여양대　　수여화대

此是五對也오 法相語言이 十二對니 語與法
차시오대야　　법상어언　　십이대　　어여법

對며 有與無對며 有色與無色對며 有相與無
대　　유여무대　　유색여무색대　　유상여무

相對며 有漏與無漏對며 色與空對며 動與靜
상대　　유루여무루대　　색여공대　　동여정

對며 淸與濁對며 凡與聖對며 僧與俗對며 老
대　　청여탁대　　범여성대　　승여속대　　노

與少對며 大與小對라 此是十二對也오
여소대　　대여소대　　차시십이대야

自性起用이 十九對니 長與短對며 邪與正對며
자성기용　　십구대　　장여단대　　사여정대

痴與慧對며 愚與智對며 亂與定對며 慈與毒
치여혜대　　우여지대　　난여정대　　자여독

對며 戒與非對며 直與曲對며 實與虛對며 險
대　　계여비대　　직여곡대　　실여허대　　험

與平對며 煩惱與菩提對며 常與無常對며 悲
여평대　　번뇌여보리대　　상여무상대　　비

與害對며 喜與瞋對며 捨與慳對며 進與退對며
여해대　　희여진대　　사여간대　　진여퇴대

生與滅對며 法身與色身對며 化身與報身對라
생여멸대 법신여색신대 화신여보신대

此是十九對也니라
차시십구대야

師가 言하되 此三十六對法을 若解用하면 卽道
사 언   차삼십육대법   약해용   즉도

貫一切經法하야 出入에 卽離兩邊하야 自性動
관일체경법   출입   즉리양변   자성동

用과 共人言語에 外於相에 離相하고 內於空에
용 공인언어 외어상 이상   내어공

離空이어니와 若全著相하면 卽長邪見이오 若
이공   약전착상   즉장사견   약

全執空하면 卽長無明하리라
전집공   즉장무명

執空之人은 有謗經하야 直言不用文字라하나니
집공지인 유방경   직언불용문자

旣云不用文字인댄 人亦不合語言이니 只此語
기운불용문자   인역불합어언   지차어

言이 便是文字之相이니라
언 변시문자지상

又云直道는 不立文字라하나니 卽此不立兩字도
우운직도 불립문자   즉차불립양자

第十 付囑品 379

亦是文字어늘 見人所說하고 便卽謗他하야 言
역시문자   견인소설   변즉방타   언

著文字라하나니 汝等은 須知하라
착문자   여등 수지

自迷는 猶可어니와 又謗佛經가 不要謗經이니
자미 유가   우방불경 불요방경

罪障이 無數하리라 若著相於外하야 而作法求
죄장 무수   약착상어외   이작법구

眞하며 或廣立道場하야 說有無之過患인댄 如
진   혹광입도량   설유무지과환   여

是之人은 累劫에도 不得見性하리니 但聽依法
시지인 누겁   부득견성   단청의법

修行하고 又莫百物을 不思하야 而於道性에 室
수행   우막백물 불사   이어도성 실

碍어다
애

若聽說不修하면 令人으로 反生邪念이니 但依
약청설불수   영인   반생사념   단의

法修行하야 無住相法施어다 汝等이 若悟하야
법수행   무주상법시   여등 약오

依此說依此用하며 依此行依此作하면 卽不失
의차설의차용   의차행의차작   즉불실

本宗하리라
본 종

若有人이 問汝義하되 問有이어든 將無對하고 問
약유인　문여의　　문유　　장무대　　　문

無어든 將有對하며 問凡이어든 以聖對하고 問聖
무　　장유대　　문범　　　이성대　　　문성

이어든 以凡對하야 二道相因하야 生中道義니
　　　이범대　　　이도상인　　　생중도의

如一問一對하고 餘問을 一依此作하면 卽不失
여일문일대　　　여문　일의차작　　　즉불실

理也하리라 設有人이 問호대 何名爲暗고하면
리야　　　설유인　　문　　하명위암

答云明是因이오 暗是緣이니 明沒卽暗이라하야
답운명시인　　암시연　　　명몰즉암

以明顯暗하고 以暗顯明하야 來去相因하야 成
이명현암　　 이암현명　　 래거상인　　 성

中道義니라
중도의

餘問을 悉皆如此니 汝等이 於後傳法에 依此
여문　실개여차　　여등　어후전법　　의차

迭相敎授하야 勿失宗旨어다
질상교수　　물실종지

師於太極元年壬子七月에 命門人하사 往新
州國恩寺하야 建塔하실새 仍令促工하사 次年
夏末에 落成하고 七月一日에 集徒衆曰 吾至
八月하야 欲離世間하노니 汝等이 有疑어든 早
須相問하라 爲汝破疑하야 令汝迷盡케하리라
吾若去後에 無人敎汝하리라
法海等이 聞하고 悉皆涕泣하되 惟有神會가 神
情이 不動하고 亦無涕泣하니 師曰 神會小師가
却得善不善等毀譽不動하야 哀樂不生하고 餘
者는 不得하니 數年을 山中에 竟修何道오 汝
今悲泣이 爲憂阿誰오 若憂吾의 不知去處인댄

吾가 自知去處니 若吾不知去處면 終不預報
오 자지거처 오약부지거처 종불예보

於汝리라 汝等悲泣이 蓋爲不知吾去處리니
어여 여등비읍 개위부지오거처

若知吾去處면 卽不合悲泣이리라
약지오거처 즉불합비읍

法性은 本無生滅去來니 汝等은 盡坐하라 吾
법성 본무생멸거래 여등 진좌 오

與汝說一偈하리니 名曰 眞假動靜偈라
여여설일게 명왈 진가동정게

汝等이 誦取此偈하면 與吾意同이요 依此修行
여등 송취차게 여오의동 의차수행

하면 不失宗旨하리라
불실종지

衆僧이 作禮하고 請師說偈하니 偈 曰
중승 작례 청사설게 게 왈

一切無有眞하니
일체무유진

不事見於眞이어다
불사견어진

第十 付囑品 383

若見於眞者는
약 견 어 진 자

是見盡非眞이니라
시 견 진 비 진

若能自有眞인댄
약 능 자 유 진

離假卽心眞이니
이 가 즉 심 진

自心不離假면
자 심 불 리 가

無眞何處眞이리요
무 진 하 처 진

有情卽解動이오
유 정 즉 해 동

無情卽不動이니
무 정 즉 부 동

若修不動行하면
약 수 부 동 행

同無情不動하리라
동 무 정 부 동

若覓眞不動인댄
약 멱 진 부 동

動上有不動이니
동 상 유 부 동

不動是不動인댄
부 동 시 부 동

無情無佛種이니라
무 정 무 불 종

能善分別相하되
능 선 분 별 상

第一義不動이니
제 일 의 부 동

但作如此見하면
단 작 여 차 견

卽是眞如用이니라
즉 시 진 여 용

報諸學道人하노니
보 제 학 도 인

努力須用意하야
노 력 수 용 의

莫於大乘門에
막 어 대 승 문

却執生死智어다
각 집 생 사 지

若言下相應하면
약 언 하 상 응

卽共論佛義어니와
즉 공 론 불 의

若實不相應인댄
약 실 불 상 응

合掌令歡喜어다
합 장 영 환 희

此宗本無諍이라
차 종 본 무 쟁

諍卽失道義하나니
쟁 즉 실 도 의

執逆諍法門하면
집 역 쟁 법 문

自性入生死하리라
자 성 입 생 사

時에 徒衆이 聞說偈已하고 普皆作禮하야 竝體
시   도 중   문 설 게 이   보 개 작 례   병 체

師意하고 各各攝心하야 依法修行하야 更不敢
사 의   각 각 섭 심   의 법 수 행   갱 불 감

諍이러라 乃知大師의 不久住世하고 法海上座가 再拜問曰 和尚이 入滅之後에 衣法을 當付何人하리이까

師曰 吾於大梵寺說法으로 以至于今히 抄錄流行을 目曰 法寶壇經이라하고 汝等은 守護하야 遞相傳授하야 度諸群生하라 但依此說하면 是名正法이니라

今爲汝等하야 說法하고 不付其衣하노니 蓋爲汝等의 新根이 淳熟하야 決定無疑라 堪任大事나 然이나 據先祖達摩大師의 付授偈意하면 衣不合傳이니라 偈에 曰

吾本來茲土는
오 본 래 자 토

傳法救迷情이로다
전 법 구 미 정

一花開五葉하니
일 화 개 오 엽

結果自然成하리라
결 과 자 연 성

師復曰 諸善知識아 汝等이 各各淨心하고 聽吾
사부왈 제선지식 여등 각각정심 청오

說法하라 若欲成就種智인댄 須達一相三昧와
설법 약욕성취종지 수달일상삼매

一行三昧니 若於一切處에 而不住相하야 於
일행삼매 약어일체처 이부주상 어

彼相中에 不生憎愛하고 亦無取捨하며 不念利
피상중 불생증애 역무취사 불념이

益成壞等事하야 安閑恬靜하고 虛融澹泊하면
익성괴등사 안한염정 허융담박

此名一相三昧며 若於一切處行住坐臥에 純
차명일상삼매　　약어일체처행주좌와　　순

一直心으로 不動道場하면 眞成淨土라 此名一
일직심　　　부동도량　　　진성정토　　차명일

行三昧니 若人이 具二三昧하면 如地有種에
행삼매　　약인　　구이삼매　　　여지유종

含藏長養하야 成熟其實인달하야 一相一行도
함장장양　　　성숙기실　　　　　일상일행

亦復如是하니라
역부여시

我今說法은 猶如時雨가 普潤大地요 汝等佛
아금설법　　유여시우　　보윤대지　　여등불

性은 譬諸種子가 遇茲霑洽하야 悉得發生이니
성　　비제종자　　우자점흡　　　실득발생

承吾旨者는 決獲菩提하고 依吾行者는 定證
승오지자　　결획보리　　　의오행자　　정증

妙果하리라 聽吾偈하라 曰
묘과　　　　청오게　　　왈

心地含諸種하니
심지함제종

第十　付囑品　389

普雨悉皆萌이로다
보우실개맹

頓悟花情已하면
돈오화정이

菩提果自成하리라
보리과자성

師가 說偈已하시고 曰其法이 無二라 其心도 亦
사   설게이   왈기법   무이   기심   역

然하며 其道淸淨하야 亦無諸相하니 汝等은 愼
연   기도청정   역무제상   여등   신

勿觀靜과 及空其心이어다 此心이 本淨이라 無
물관정   급공기심   차심   본정   무

可取捨니 各自努力하야 隨緣好去하라 爾時에
가취사   각자노력   수연호거   이시

徒衆이 作禮而退하니라
도중   작례이퇴

大師가 七月八日에 忽謂門人曰 吾欲歸新州
대사   칠월팔일   홀위문인왈   오욕귀신주

하노니 汝等은 速理舟楫하라
　　　　여등　　속리주즙

大衆이 哀留甚堅이어늘 師曰 諸佛出現이 猶
대중　애유심견　　　　사왈　제불출현　　유

示涅槃이며 有來必去는 理亦必法이라 吾此刑
시열반　　유래필거　　이역필법　　　오차형

骸도 歸必有所니라 衆曰 師從此去하시면 早晚
해　　귀필유소　　　중왈　사종차거　　　조만

可回리잇고
가회

師曰 葉落歸根이라 來時無口니라 又問曰 正
사왈　엽락귀근　　　래시무구　　　우문왈　정

法眼藏은 傳付何人이시니꼬 師曰 有道者得
법안장　　전부하인　　　　사왈　유도자득

이요 無心者通이니라
　　　무심자통

又問後에 莫有難否이까 師曰 吾滅後五六年에
우문후　막유난부　　　사왈　오멸후오육년

當有一人이 來取吾首하리라 聽吾記하라 曰 頭
당유일인　래취오수　　　　청오기　　　왈 두

上養親함에 口裡須餐하는 遇滿之難에 楊柳爲
상양친　　구리수찬　　　우만지난　　양유위

官하리라
관

又云 吾去七十年에 有二菩薩이 從東方來
우운 오거칠십년 유이보살 종동방래

호대 一은 出家요 一은 在家니 同時興化하야 建
     일 출가 일 재가 동시흥화   건

立吾宗하며 締緝伽藍하야 昌隆法嗣하리라
립오종   체즙가람   창융법사

問曰 未知호이다 從上佛祖가 應現以來로 傳授
문왈 미지   종상불조   응현이래 전수

幾代니잇고 願垂開示하소서
기대   원수개시

師云 古佛應世가 已無數量하야 不可計也이니
사운 고불응세 이무수량   불가계야

今以七佛로 爲始하면 過去莊嚴劫에 毘婆尸
금이칠불 위시   과거장엄겁   비바시

佛, 尸棄佛, 毘舍浮佛이요 今賢劫에 狗留孫
불 시기불 비사부불   금현겁   구류손

佛, 狗那含牟尼佛, 迦葉佛, 釋迦文佛이 是
불 구나함모니불 가섭불 석가문불 시

爲七佛이며 釋迦文佛이 首傳
위칠불   석가문불 수전

第一 摩訶迦葉尊者하시고
제일 마하가섭존자

第二 阿難尊者
제이 아난존자

第三 商那和修尊者
제삼 상나화수존자

第四 優波毱多尊者
제사 우바국다존자

第五 提多迦尊者
제오 제다가존자

第六 彌遮迦尊者
제육 미차가존자

第七 婆須密多尊者
제칠 바수밀다존자

第八 佛駄難提尊者
제팔 불타난제존자

第九 伏駄密多尊者
제구 복타밀다존자

第十 脇尊者
제십 협존자

第十一 富那夜奢尊者
제십일 부나야사존자

第十二 馬鳴大士
제 십 이　마 명 대 사

第十三 迦毘摩羅尊者
제 십 삼　가 비 마 라 존 자

第十四 龍樹大士
제 십 사　용 수 대 사

第十五 迦那提婆尊者
제 십 오　가 나 제 바 존 자

第十六 羅睺羅多尊者
제 십 육　라 후 라 다 존 자

第十七 僧伽難提尊者
제 십 칠　승 가 난 제 존 자

第十八 伽耶舍多尊者
제 십 팔　가 야 사 다 존 자

第十九 鳩摩羅多尊者
제 십 구　구 마 라 다 존 자

第二十 闍耶多尊者
제 이 십　사 야 다 존 자

第二十一 婆修般頭尊者
제 이 십 일　바 수 반 두 존 자

第二十二 摩拏羅尊者
제 이 십 이　마 나 라 존 자

第二十三 鶴勒那尊者
제이십삼 학륵나존자

第二十四 師子尊者
제이십사 사자존자

第二十五 婆舍斯多尊者
제이십오 바사사다존자

第二十六 不如密多尊者
제이십육 부여밀다존자

第二十七 般若多羅尊者
제이십칠 반야다라존자

第二十八 菩提達摩尊者
제이십팔 보리달마존자

第二十九 慧可大師
제이십구 혜가대사

第三十 僧璨大師
제삼십 승찬대사

第三十一 道信大師
제삼십일 도신대사

第三十二 弘忍大師
제삼십이 홍인대사

三十三祖 慧能大師이니라
삼십삼조 혜능대사

從上諸祖가 各有稟承하시니 汝等 向後에 遞代
종상제조   각유품승   여등 향후   체대

流傳하야 母令乖悟어다
유전   무령괴오

大師가 開元元年癸丑歲八月初三日에 於國
대사   개원원년계축세팔월초삼일   어국

恩寺에 齊罷하시고 謂諸徒衆曰 汝等은 各依位
은사   제파   위제도중왈 여등   각의위

坐하라 吾與汝別하리라 法海가 白言하되 和尙이
좌   오여여별   법해   백언   화상

留何敎法하사 令後代迷人으로 得見佛性이니
유하교법   영후대미인   득견불성

잇고 師言하사대 汝等은 諦聽하라
      사언   여등   체청

後代迷人이 若識衆生하면 卽是佛性이요 若不
후대미인   약식중생   즉시불성   약불

識衆生하면 萬劫에 覓佛難逢이니라
식중생   만겁   멱불난봉

吾今敎汝하야 識自心衆生하고 見自心佛性케
오금교여   식자심중생   견자심불성

하노니 欲求見佛인댄 但識衆生이니라
        욕구견불   단식중생

只爲衆生이 迷佛이언정 非是佛이 迷衆生이니

自性을 若悟하면 衆生이 是佛이요 自性을 若迷하면 佛이 是衆生이며 自性이 平等하면 衆生이 是佛이요 自性이 邪險하면 佛이 是衆生이니라

汝等이 心若險曲하면 卽佛이 在衆生中이요 一念平直하면 卽是衆生이 成佛이니 我心에 自有佛이라

自佛이 是眞佛이니 自若無佛心이면 何處에 求眞佛이리요 汝等의 自心이 是佛이니 更莫狐疑어나

外無一物이라도 而能建立이니 皆是本心에서

生萬種法이라 故로 經에 云 心生에 種種法이
생 만 종 법   고   경   운 심생   종 종 법

生하고 心滅에 種種法이 滅이라하시니라
생   심멸   종 종 법 멸

吾今留一偈하야 與汝等別하리니 名이 自性眞
오금유일게   여여등별   명   자성진

佛偈라 後代之人이 識此偈意하면 自見本心
불게   후대지인   식차게의   자견본심

하고 自成佛道하리라 偈에 曰
     자성불도   게   왈

眞如自性是眞佛이요
진여자성시진불

邪見三毒是魔王이라
사견삼독시마왕

邪迷之時魔在舍하고
사미지시마재사

正見之時佛在堂이로다
정견지시불재당

性中邪見三毒生하면
성중사견삼독생

卽是魔王來住舍요
즉시마왕래주사

正見自除三毒心하면
정견자제삼독심

魔變成佛眞無假니라
마변성불진무가

法身報身及化身이여
법신보신급화신

三身本來是一身이니
삼신본래시일신

若向性中能自見하면
약향성중능자견

卽是成佛菩提因이니라
즉시성불보리인

本從化身生淨性이라
본종화신생정성

淨性常在化身中이니
정성상재화신중

性使化身行正道하면
성사화신행정도

當來圓滿眞無窮하리라
당래원만진무궁

淫性本是淨性因이라
음성본시정성인

除淫卽是淨性身이니
제음즉시정성신

性中各自離五欲하면
성중각자이오욕

見性刹那卽是眞이니라
견성찰나즉시진

今生若遇頓敎門하면
금생약우돈교문

忽遇自性見世尊이어니와
홀우자성견세존

若欲修行覓作佛인댄
약욕수행멱작불

不知何處擬求眞이리요
부지하처의구진

若能心中自見眞하면
약능심중자견진

有眞卽是成佛因이니
유진즉시성불인

不見自性外覓佛인댄
불견자성외멱불

起心總是大癡人이니라
기심총시대치인

頓敎法門今已留하니
돈교법문금이유

救度世人須自修케하노라
구도세인수자수

報汝當來學道者하노니
보여당래학도자

不作此見大悠悠하리라
부작차견대유유

師가 說偈已하시고 告曰 汝等은 好住하라 吾滅
사   설게이   고왈 여등   호주   오멸

度後에 莫作世情이니 悲泣雨淚이나 受人弔問
도후   막작세정   비읍우루   수인조문

커나 身着孝服하면 非吾弟子며 亦非正法이니라
     신착효복   비오제자   역비정법

但識自本心하고 見自本性하면 無動 無靜하며
단식자본심   견자본성   무동 무정

無生 無滅하며 無去 無來하며 無是 無非하며 無
무생 무멸   무거 무래   무시 무비   무

住 無往이니 恐汝等이 心迷하야 不會吾意일새
주 무왕　　공여등　심미　　불회오의

今再囑汝하야 令汝見性케하노니 吾滅度後에
금재촉여　　　영여견성　　　　오멸도후

依此修行하면 如吾在日이어니와 若違吾敎하면
의차수행　　 여오재일　　　　 약위오교

縱吾在世라도 亦無有益하리라 復說偈曰
종오재세　　 역무유익　　　 부설게왈

兀兀不修善하고
올올불수선

騰騰不造惡하며
등등부조악

寂寂斷見聞하고
적적단견문

蕩蕩心無着하라
탕탕심무착

師가 說偈已하시고 端坐至三更하사 忽謂門人
사　 설게이　　　 단좌지삼경　　　 홀위문인

曰 吾行矣라하시고 奄然遷化하시니 于時에 異
왈 오행의　　　　 엄연천화　　　　 우시　 이

香이 滿室하고 白虹이 屬地하며 林木이 變白하고 禽獸 哀鳴이러라

十一月에 廣, 韶, 新三郡官僚와 洎門人僧俗이 爭迎眞身하야 莫決所之할새 乃焚香禱曰 香煙指處에 師所歸焉이라한대 時에 香煙이 直貫曹溪어늘 十一月十三日에 遷紳龕과 併所傳衣鉢而回하니라

次年七月二十五日에 出龕하야 弟子方辯이 以香泥로 上之하고 門人이 憶念取首之記하야 遂以鐵葉漆布로 固護師頸하야 入塔이러니 忽於塔內에 白光이 出現하야 直上衝天이라가 三

第十 付囑品 403

日始散이어늘 韶州가 奏聞하야 奉勅立碑하야 紀
일시산   소주 주문   봉칙입비   기

師道行하니 師의 春秋는 七十有六이라 年二十
사도행   사 춘추   칠십유육   년이십

四에 傳衣하고 三十九에 祝髮하시니 說法利生
사 전의   삼십구 축발   설법이생

이 三十七載에 得旨嗣法者가 四十三人이며 悟
  삼십칠재 득지사법자   사십삼인   오

道超凡者는 莫知其數러라
도초범자 막지기수

達摩所傳信衣와 中宗이 賜한 磨衲寶鉢과 及方
달마소전신의   중종 사 마납보발   급방

辯의 塑인 師眞相과 幷道具等은 主塔侍者가
변 소 사진상   병도구등   주탑시자

尸之하야 永鎭寶林道場하고 留傳壇經하야 以
시지   영진보림도량   유전단경   이

顯宗旨하야 興隆三寶하고 普利群生者러라
현종지   흥융삼보   보리군생자

이 책의 편역자 大弓 宗常 스님은 1948년 생으로
1965년 법주사에서 月山스님을 은사로 득도,
1974년 법주사 불교전문강원 대교과 졸업,
1988년 동국대 행정대학원 수료,
　　同年 법보신문사 발행인 겸 사장,
1989년 불교방송 이사,
　　조계종 8·9·10·11·12대 중앙종회 의원,
　　석굴암·연주암·청계사·불국사 주지 역임,
2006년 동국대학교 재단 이사,
2009년 불국사 박물관장(현재)

저서 및 역서 호국삼부경(弘法院)
　　　불자지송집(대양기획)

육조혜능대사 **육조단경**

2009년 7월 5일 인쇄
2009년 7월 10일 발행

기　　록	法　海
편　　역	宗　常
감　　수	德　旻
펴　낸　이	金正佶
펴　낸　곳	弘法院
기　　획	金大圓
교　　징	金摩那, 金慈仁
주　　소	서울시 종로구 견지동 55-2
전　　화	(02)734-7614
	(02)739-8745
팩　　스	(02)735-2344
등록번호	제1-450호 1968년 5월 20일

정가 20,000원

※ 잘못 만들어진 책은 바꾸어 드립니다.